OHSAMA BUNKO

江原啓之から、あなたに贈る手紙

江原啓之

三笠書房

拝啓

その後いかがお過ごしでしょうか？

あなたにどうしても伝えたいことがあって、私は今、手紙をしたためています。

以前、あなたに、人生は経験と感動を味わう旅であるという話をしたことを覚えていますか？

私たちが毎日さまざまなことを経験する中で感じる喜怒哀楽、すなわち「感動」は旅の名所です。感動とは、うれしいこと、楽しいことだけでないことは、もうあなたもわかっていることと思います。

けれどわかっていても、悲しいこと、腹が立つことがあると、「なぜ自分ばかりがこんな目に遭わなきゃならないの」と嘆き、苦しみます。

その気持ちは痛いほどわかります。

でも、そんなときこそ、スピリチュアルな視点で、目の前の出来事を見つめてほしいと思っています。その人に乗り越えられないことは、やってきません。私たちはあらゆる喜怒哀楽を味わうために、感動するために、この世に生まれてきたのです。

今日、あなたにはどんな「うれしいこと」がありましたか？「楽しいこと」「悲しいこと」「腹が立つこと」があったでしょうか？

私たちは永遠に旅を続ける存在であり、成長しつづける存在です。「死んでしまえば、すべてが終わる」のではないのですから、今この瞬間を一生懸命に生き、一つでも多くの思い出話を持って帰ることができるようにしたいと思いませんか？

人間関係、恋愛・結婚、子育て、仕事、健康……。人生には、さまざまな山場があるでしょう。足場の悪い道もあるかもしれません。しかし、それらを乗り越えてはじめて、見えてくる景色があります。

旅をどうコーディネートするか。それを決めるのはあなた自身です。ツアーコンダクターになったつもりで、行き先を決め、旅を満喫してください。

けれども、もしあなたが道に迷ったり、悩んだりしたときのために、本書に38通の手紙を記しました。

これは、いつでもあなたのそばにあって、あなたを守り、幸運へ導くお守りにもなるでしょう。

もちろん、今はまだ、開けないままの「手紙」があることと思います。しかし、やがて開くときがきたら、思い出してください。喜びも悲しみも、あなたが決めた旅の名所です。存分に眺め、味わってください。

それではまた、お目にかかる日を楽しみにしています。

敬具

江原啓之

Contents

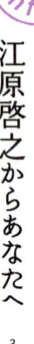

【子育てについての「6つの手紙」】

育児は、最高の「自分育て」。

【人間関係についての「8つの手紙」】

出会いはすべて、あなたが引きよせたもの。

私たちは、一人では生きていくことはできません。

生まれて最初に出会う家族。そして友人、恋人、仕事関係のつきあい……。実にさまざまな出会いがあり、そこに「人間関係」が生じます。

一緒にいるだけで幸せを感じる関係もあれば、頭を悩ますような関係もあるかもしれません。

けれど、どんな出会いも必然です。

あなたがその人と出会ったことには、すべて意味があるのです。

その人間関係から生じる「感情」を見つめることが大切です。

特に「怒り」や「悲しみ」には、深いメッセージが込められています。それらはあなたがより幸せになるために、そしてより輝いて生きるために必要なこと。

そのメッセージに気づいたとき、大きな「喜び」と「楽しみ」が生まれます。

忘れないでください。私たちのたましいは、人の中で気づき、学び、そして幸せになるために、この世に生まれてきたのです。

起こる出来事には意味があります。
いいことも悪いことも……。

誤解されることが多くて悩んでいるあなたへの手紙

自分を「わかってもらう」ことばかりに躍起になって、相手を「理解する」努力を疎かにしていませんか？

人間関係のトラブルがあったそうですね。

あなたが言った一言を悪意で受けとられたのでしょうか？　それともあなたの説明が足りなかったのでしょうか？　いずれにしても人から誤解されるのは、確かに悲しいことだったでしょう。

けれど、こうしたトラブルも、あなた自身の日頃のコミュニケーションを見直すいい機会かもしれません。

スピリチュアル的に言うと、私たちの行ない、思い、言葉はすべて〝天〟が見ています。

ですから、誤解されるようなことがあっても、動じることはありません。

思いきって天にゆだねてごらんなさい。すぐにではないかもしれませんが、真実が明らかになる日は必ず来ます。

ただ、もし、普段から人に誤解されることが多い……と感じているなら、ここでしっかりと自分自身を内観してはいかがでしょうか。

言葉を乱暴に使っていませんでしたか？

伝えるべきことがあるのに、それを飲み込んでいませんでしたか？

もちろん、大切なのは「心」です。けれど、あなたがどんなにやさしい心を持っていたとしても、それを言葉で表現しなければ相手には伝わりませんよね。

口下手でも大丈夫。まずは、相手の話に相づちを打ってみましょう。聞き上手に徹すると、相手の心がよく見えるようになります。

常に、相手を見る。それは、「相手の立場になって考える」ということ。その習慣をつけてみてください。

コミュニケーションのとり方や言葉の受けとり方は、人それぞれです。多少きつい言葉でも冗談と思える人もいれば、なにげない言葉にも傷ついてしまうデリケートな人もいるでしょう。

ポイントは、自分を基準にして考えないこと。「私はこれぐらい言われても平気」と思っていても、相手もそうとは限りません。

そしてもう一つ。

あなたは「わかってもらう」ことばかりに躍起になって、相手を「わかる」努力を疎《おろそ》かにしていませんでしたか？　「自分」を押し出しているときは、相手の姿が見えづらいもの。それが、コミュニケーションを妨げているケースがとても多いのです。

自分を理解してもらう前に、まず相手を理解すること。これが、豊かなコミュニケーション力を身につけるコツです。

また、言葉については、『幸運を引きよせるスピリチュアル・ブック』（三笠書房《王様文庫》）にも書きましたが、人間関係をスムーズにし「いいこと」を引きよせる言葉があるので、あらためて書いておきます。

一番目は、「おはよう」「こんにちは」「さようなら」という挨拶の言葉。

二番目は、「ありがとう」という感謝の言葉。

三番目は、「うれしい」という喜びの言葉。

四番目は、「大好き」という愛の言葉。

五番目は、「素敵ね」というほめ言葉。

この五つの言葉を大切にしてください。

私がいつも言っている、「言霊《ことたま》」ですよ。

言霊の力を借りれば、人との関係を喜びに満ちたものにできます。どんなトラブルも乗り越えることができるのです。

あなたが前向きに努力をしたうえで、「どうかいい関係が築けますように」と祈ってみるといいでしょう。

あなた自身と、仲よくなりたい相手のガーディアン・スピリットをイメージして、両方に祈りましょう。その祈りは必ず通じます。

言葉という道具を大切に使いながら、人との関係を豊かに築いていってください。

あなたが人の愛に恵まれ、それに感謝できるよう祈っています。

友人の言葉にカッとなったあなたへの手紙

「怒り」という感情は、自分の心の声を知らせる第六感のようなもの

「あんな相手のどこがいいの？」

そんなふうに友だちに言われて、とても腹が立ったそうですね。自分のことを言われるならまだしも、つきあっている恋人のことを悪く言われると、「好き」という喜びそのものに水をさされた気分になったことでしょう。仲のいい友だちに言われたならショックもひとしおだと思います。

人の幸せにケチをつけたがる人はどこにでもいます。とりわけ、あなたは今の恋人とつきあいはじめたとき、本当にうれしそうに輝いていましたから、妬《ねた》ましく思う人もいるかもしれません。

ただ、恋をしているときほど冷静さが必要なものですよ。恋に夢中になると、相手の真実が見えなくなる恐れは十分にあるのです。

相手への熱い思いと、クールな観察力。この相反する二つの心を同時に持たなくてはなりませんから、恋は難しいものですね。こんなことを書いている私だって、若い頃には苦い経験もたくさんしてきました。

さて、「友人」という存在は、あなたの恋人をクールに客観視できる立場にいます。だから、恋人を会わせて、その意見を聞くのは、実はとても大切なこと。相手のいいところしか目に入らなくなっているあなたのかわりに、きちんと目を開いて相手を見つめ、客観的な意見を言ってくれる存在は貴重です。耳を傾けてみてはいかがですか？

もっとも、恋に燃えているときは、その意見が正しいかどうかの判断も難しくなるものです。

その友だちの言葉を聞いたとき、あなたはどう感じましたか？

もしカチンときて、「何よ。何が言いたいのよ」などと、反発心がむらむら湧いてきたとしたら要注意。人が感情的にカッとなるのは、相手の言っていることが図星のときに多いからです。それを自分では認めたくないから、相手に対する怒りにすりかえてしまうのですね。

感情的にならず、「そうか。そんなふうに見えることもあるんだ」と冷静に受け止められるなら大丈夫。あなたが恋人への思いに目がくらんでいない証拠です。

そういうときは、相手の言葉の真意をきちんと受け入れる冷静さがあるので、その指摘が正しいかどうかも自分で判断できるはず。正しければ、恋人とのつきあいを考え直せばいいし、正しくないなら、笑って聞き流せばいいだけです。

あなたは友だちの言葉に「腹が立った」と言っていましたね。

その「怒り」が、実はリトマス試験紙になるのです。

怒りという感情は嫌なものですが、とても大切な役割を果たしてくれます。ただし、その怒りを冷静に分析してこそ、の話です。

友だちの言葉に腹を立てた。そんなあなた自身の心の中をじっくりと内観してください。カッとなってしまったのは、図星を突かれたからなのか。そうではなく、友だちが単なる嫉妬心でひどいことを言っているからなのか。

いずれにしろ、「人は図星を突かれるとカッとなりやすい」。この法則は覚えておいて損はありません。怒りに我を忘れそうになったときも、自分を振り返る冷静さを持てるようになるし、それができれば、相手の言葉にある真実と、これから自分のとるべき道も見えてきます。

喜怒哀楽は、人生という旅の名所です。今、あなたが経験しているその「怒り」も、またあなたの人生の名所の一つ。その名所に気づかずに通り過ぎなくてよかった。「怒り」という感情からあなたが学べることは、本当にたくさんあることと思います。

あなたのためになる人間関係は、「うれしさ」「楽しさ」をもたらしてくれるものだけでは決してありません。ときには厳しい面もあります。

そのことを忘れず、周囲の言葉に素直に耳を傾けてみてください。そこにある真実を見抜く目を持ちましょう。その積み重ねが、あなたを大きく成長させてくれるのです。

人の言葉に傷つきやすいあなたへの手紙

何かに焦っていませんか？　心に焦りがあると、必要以上に人の言葉に傷つきやすくなります

プライベートなことにまで職場でいろいろ干渉されるそうですね。大きなお世話だと思っても、無理して笑顔で過ごしているのではありませんか？笑顔を心がけるのはとても大事。でも、心から笑えるようになると、もっといいですよね。

「恋人はいるの？」とか、いたならいたで「結婚はまだ？」、結婚したら今度は「子どもはまだ？」。そんなふうに、他人のプライベートに干渉したがる人はどこにでもいます。

もちろんそれは、本来ならマナー違反だし、過干渉。そういうことを言う人

は、就職→結婚→出産というレールに乗った人生だけが「当たり前」「常識」だと思っていて、その「当たり前」を実行しない人のことが不思議なのでしょう。

そのレール以外にも道があるのを知らないだけですから、悪気があるわけではありません。だから目くじらを立てる必要もないのです。

「結婚？　まだです」「子ども？　まだです」と言っていればいいだけです。

むしろ今、問題にすべきなのは、そういう人たちではなく、あなた自身ではないでしょうか。

たとえば、周囲の人から「結婚はまだ？」と聞かれて、憂鬱《ゆううつ》になったり、腹が立ったりしているのだとしたら、それは裏を返せば、それだけ「結婚」を意識している、ということではないでしょうか。そんなときは、人の言葉を笑って聞き流すことができなくなるものです。

そういう自分の心に、まず気づいてください。

そして思い出しましょう。結婚に「適齢期」があるわけではない、ということを。

あなたのたましいの「旬」が来たとき。それが適齢期です。

旬が来ないのに、焦っても仕方がありません。あなた本来の持ち味が十分に発揮できる旬は必ず来ます。その日のために、今をていねいに生きましょう。

人生において「常識」とされるレールはたくさんあります。その多くは世間が決めたレールです。そのレールに乗ることだけを考えていると、「自分の適齢期」を見失ってしまうでしょう。

もしかすると、今つきあっている恋人と結婚したいという気持ちが、あなたの中にあるのかもしれませんね。相手の態度が煮えきらずに、イライラしている。そんなあなたの焦りが相手にも伝わって、ますます結婚を遠ざけている可能性もあるのです。

結婚というのは、決まるときはトントン拍子で決まります。

「現世において、この二人が一緒になれば、最高の学びができる」

お互いのガーディアン・スピリットがそう判断したとき、二人は結ばれるのです。そのときのスムーズさときたら！　周囲が驚くほどです。

だから、どうか今は焦らないで。

あなたの周囲で、輝いている人をよく見てください。みんな決められたレール以外の道を走れる柔軟性と、強さを持っているはずです。

電車だけを使う旅と、レンタカーも使っての旅、両方を比べてみてください。電車だけだと、線路にトラブルが起きると立ち往生するしかありませんが、自動車もあればそこから自由に好きなところへ行けます。

必要なのは、「どこに行きたいのか」という、あなたの明確な意志だけです。

あとは、あなたの力で、あなたが選んだ道を、自由に走っていけばいい。

そうやって楽しみながら旅をしているとき、「きみは、あの普通列車に乗らないの？」なんて言われても気にならないでしょう。

「私には別の道もありますから」

笑ってそう言えたら最高にかっこいいと思いませんか？

あなたの人生の旅が、あなたらしい個性がキラリと輝く、すばらしいものになるように。心から応援しています。

職場でいじめに遭っているあなたへの手紙

人間関係のトラブルは、逃げるが勝ち、ということもあります

「仕事に行くのが憂鬱」というあなたの言葉には驚きました。

以前はとても楽しそうに仕事の話をしていましたよね。でも、話を聞くうちに、あなたが職場で孤立している姿が目に浮かんできました。

その話をしながら涙をこぼしたあなたを見たとき、実は私は少し安心したのです。誤解しないでくださいね。あなたのつらさがわからないわけでは決してありません。私もあなたと同じような経験があります。気持ちは痛いほどわかります。

ただ、経験者として言わせてもらうと、涙が出るうちはまだ大丈夫なのです。

本当に耐えがたくなったときは、心がフリーズして涙すら出てこないもの。それに、私に話してくれたということは、あなたが「恥ずかしい」という感覚を乗り越えられた証拠です。だから安心したのです。

いじめはなぜか被害者の側が「恥ずかしい」と思ってしまう傾向があります。いじめは犯罪であり、心の傷害罪ともいえるものです。ですから、恥じるべきは、加害者の側であり、いじめられている側では決してありません。集団で一人の人間を痛めつける。それは卑劣な行為であると同時に自らのたましいを汚す行為です。

そんな行為に立ち向かい、乗り越えるにはどうするか。

まず、なぜ今、いじめが起こっているのか。それを考えましょう。

たとえば、あなたのほうが先に相手を傷つけるようなことをしていませんでしたか？

思いあたることがあるなら、今の状況はあなたにそのことを気づかせてくれるきっかけなのかもしれません。だからといっていじめが正当化されるわけではありませんが、自分にも落ち度があるなら、素直に謝ることで状況は改善さ

ることも必要です。

また、相手はあなたをいじめて、自分のストレスを発散させているだけというこ ともあります。ですから、「いじめは犯罪」という自覚を相手に持たせる

ることも必要です。

そもそも幸せな人は意地悪をしないものです。つまり、いじめをしている人は、不幸せな人なのです。まず、そのことを認識したうえで、相手や周囲に「これは、いじめですよ」ということをアピールするのです。

ポイントは「いじめ」という言葉をはっきりと使うことです。普通の感性を持つ相手なら、これで少なくとも表面的ないじめはやめるでしょう。

無視は続くかもしれません。でも、それは放っておけばいいのです。手出しをされるのは困りますが、無視だけなら、あなたが強くなればいいのです。

そう。いじめに負けないためには、「孤独」に強くなること。

群れなくても平気な強さを持つことが何より大切です。そういう相手に対しては、いじめる側も、「のれんに腕押し」だと思うようになります。

もともと職場は仕事をする場。仲間と楽しく過ごす場ではありません。多少

の嫌なことは、お給料ぶんと割り切ることも必要です。

仲間はずれにされて、仕事に支障が出るような状況なら、それを上司にきちんと報告しましょう。大切なのは、「私は黙っていじめられているつもりはない」という姿勢を見せることです。

それでも状況が変わらないなら、転職を視野に入れてもいいでしょう。「話せばわかる」といわれたのは昔のこと。残念ながら、今は話をしてもわからない人がとても多いのです。

あなたが自分を内省し、できる手をすべて打ち、それでも状況が変わらないなら、「逃げるが勝ち」。冷静に立ち向かったうえで、「ここは自分のいる場所ではない」「お給料ぶん以上の我慢をしている」と判断したなら転職も一つの選択です。それは「卒業」であって、「逃げ」ではありません。

相手への恨みを引きずらずにさっぱり卒業できたなら、次の職場では人間関係に恵まれるでしょう。逆に、敗北感や恨みを抱いたまま転職すると、波長の法則によって、また似たような環境を呼び込みます。

さあ、今は泣いている場合ではありません。あとで振り返ったとき「あのいじめがあったから、今の私がある」、そう感謝できるあなたになってください。

どんなトラブルがあっても、あなたはそれを乗り越えていけます。そして一つ乗り越えるたびに強く、やさしく、賢くなっていけるのです。

言いかえれば、今はたましいを大きく成長させるチャンスです。

さあ、前を向いて。笑顔で明日の扉を開けましょう。

この世で偶然に出会う人はいません。
誰ひとりとして……。

波長が出会いをつくる

私たちは、日々、さまざまな人と出会います。一度だけのご縁もあれば、生涯続くご縁もあるでしょう。すべての出会いは、あなた自身が引きよせたものです。たとえ電車の中で足を踏まれたという、それだけの関わりあいだとしても、そこには必ず意味があります。

「類は友を呼ぶ」——これまでもさまざまな機会に説明してきましたが、この「波長の法則」は、人間関係を考えるうえで一番大切な法則です。

自分と似た人が周囲に集まってくるのですから、出会う人はすべて自分の鏡。

「自分とはどういう人間か」ということを、教えてくれる相手なのです。

人の波長には幅がありますから、高い波長を出すときもあれば、低い波長を出すときもあります。今、目の前にいる人は、あなたの高い波長が呼びよせた人なのか、低い波長が呼びよせた人なのか。それを考えることが大切です。

高い波長はよき出会いを導き、低い波長は試練の多い出会いを導きます。

たとえば、職場の人間関係がうまくいかないとか、いつもろくでもない人としか出会わないという人がいます。それは、その人自身が低い波長しか出していないということなのです。

しかし、たとえ低い波長で出会った相手であっても、ただ嫌うだけでは何も学べません。その人と出会ったのは、「低い波長を改めなさい」というガーディアン・スピリットからのメッセージです。

「あなたの波長には、こんな低いところがあるよ」ということを、その人を通して見せてくれているのです。そこで学び、修正していくことで、波長を変えることができます。

逆に、いい出会いがあったとすれば、それはあなたが高い波長を出していたということ。そのこともまた自分で認めていきましょう。そうすれば、これからも高い波長を出しつづけていけるよう、努力できるはずです。

高い波長を出すには、ポジティブになることが必要と思われがちですが、ポジティブという言葉には注意が必要です。

とにかく何でも前向きに元気よく、というのは、ポジティブではありません。転んだときに、すぐさま立ち上がって前に進みはじめる人は、一見、ポジティブに見えますが、すぐにまた転ぶでしょう。

そうではなく、転んだら、まず「なぜ転んだのか」を考える。靴ひもがほどけていたからだとわかったら、靴ひもを結び直す。

そのうえで、失敗を恐れることなく、また元気よく歩きはじめる。

この二段階が揃って、はじめて本物のポジティブといえるのです。

本物のポジティブこそが、高い波長を生み出し、いい出会いへと導きます。

すべての出会いを鏡として、自分自身の波長を見つめ直しましょう。波長が低いなと感じたら、靴ひもを結び直してください。高いなと感じたら、それを保てるように努めましょう。人との出会いを通して「自分を発見すること」こそ、人生で味わえる人間関係の醍醐《だいご》味《み》でしょう。

たましいを豊かに成長させる人生の歩き方

いろいろな人と接しながら生きる毎日は、楽しいことばかりではありません。大変なことも多いでしょう。ストレスがたまることもあるはずです。

そんなときは、心を許せる家族や友人との時間を大切にしてください。

社会人になると学生時代の友人とは疎遠になって、仕事仲間と友人づきあいをする人が多いのですが、仕事のつきあいとプライベートのつきあいはきちんと分けたほうがいいと思います。

それぞれの関係があるからこそ、それぞれのよさが確認できるのです。

仕事、友人、家族。どれか一つの関係で行き詰まったときに、ほかの人間関係で心癒《いや》されることはよくあります。仕事の人間関係で苦しいときに家族が支えになったり、家族関係で悩んでいるときに、友人に救われたり。

闇があれば、必ず光があります。光を自分で探しにいきましょう。

疎遠になっていた友人と、同窓会などで再会するのも楽しいイベントでしょう。ただし、そこで盛り上がって終わるだけでは、楽しみ方としては不十分です。

同窓会は自分を内観する絶好のチャンスです。同窓会では、自分の年齢を嫌でも意識するでしょう。どういう年齢の重ね方をしてきたのか振り返って、自分自身を見きわめてください。それこそ、同窓会の本来の楽しみ方です。

また、さまざまな人間関係を楽しみながら、どの関係においても、ベタベタしすぎないことが大切です。入り込みすぎずに、互いに寄り添いあう、という感覚を大事にしましょう。入り込みすぎると、依存心が生まれます。依存関係は長続きしません。互いに息苦しくなるからです。

私たちは、一人で人生を旅するために生まれてきたのです。

人に寄り添い、人の温かさを感じながら、前を向いて一人で旅をする。だからこそたましいが豊かに成長していくのです。

すべての人間関係は自分を映し出す鏡。そこに映るあなた自身の変化と成長を、じっくりと楽しんでください。

私たちは皆、
見守られている存在です。

友だちについて悩んでいるあなたへの手紙

人を求めるのではなく、人から求められる人になる。友情にはそんな視点が必要です

「私、友だちが少ないんです」と少しさびしげに言っていましたね。

友だちが少ない。いいじゃないですか。何も問題ありません。

「友だち百人できるかな♪」と無邪気に歌うのは、小学一年生だけです。世の中にはなぜか、友人が多い人は「いい人」「魅力的な人」と考える人が多いようですが、「多い＝いいこと」というのは間違いです。

携帯に登録したメールアドレスの数を自慢する人もいますが、「友だちがたくさんいる私」をキープするためには、とても気を遣わなくてはいけません。メールにすぐに返事をしなくては嫌われるから、お風呂にまで携帯を持って入

る人、「ＫＹ（空気が読めない）」などと言われないように、相手の顔色をうかがって会話をし、家に帰ったらぐったり疲れているという人もいるそうですね。

メールの返事が遅いと、それだけで切れてしまうような関係に絆《きずな》があると思いますか？　そんな関係は「友情」とは呼べないように思います。話すと疲れるような相手も友人とはいえないのではないでしょうか。

そんな表面的な「友人」をいくらたくさん持っても意味はないのです。心の奥底では「本当の友だちが欲しい」という悲しい思いが渦巻くはずです。

では、「本当の友だち」とは何でしょう？

私は「たましいを磨きあえる相手」だと思っています。

その人と話をしたり、その人の生き方を見ているうちに、「そんな考え方もあるんだ」「私の生き方、ちょっと違ってたかな」「私ももっと頑張れるかもしれない」――そんなふうに、新しい気づきが得られる。自分もまた相手にそんな気づきを与えることができる。それが友だちではないでしょうか。

だから、友人は決して多くは必要ありません。たった一人でもいいのです。

もともと、人生は一人旅です。私たちは、一人でこの世を旅するために生まれてきたのです。何のために？　たましいを磨き、成長させるためです。

生きていれば、誰にでもつらいこと、苦しいことがあります。傷つきながらも、それを乗り越えるたびに、たましいは輝きます。

友人とは、そういう一人旅を続ける「仲間」といえるかもしれませんね。

いつも一緒にいてほしい。さびしいときは慰《なぐさ》めてほしい。メールの返事はすぐに欲しい。そんなことを期待していませんか？

もちろん「悩みや愚痴を聞いてほしい」と思うときはあるでしょう。確かに、本当に大変な状況になったときは、誰かの助けを求めることも必要です。けれど、四六時中、人に助けてもらうことを求めていては、自分で解決する力がつかなくなってしまいます。

人に意見を聞いてもいいですが、最終的に結論を出すのは、あなたです。厳しいようですが、自分の悩みは自分で解決するしかないのです。

友情を楽しむためには、それぞれが自立していなくてはいけないのです。

もたれあっていては、共倒れしてしまうかもしれません。

時折、ともに食事や旅行を楽しみ、そこでエネルギーを充填し、新しい気づきを得て、またそれぞれの人生に戻っていく。そんな友人が一人いれば十分だと思いますよ。

もし、そんな友人は一人もいないというのなら、まず自分から行動を起こしてみてはどうですか？

難しいことはありません。「最近、頑張っている？」「どうしてる？」と気になる相手に、あなたのほうから連絡をとればいいのです。

「元気にしてる？」と声をかけられて、うれしくない人はいません。

人に求めるだけでなく、人に与えることのできる人になる。

悩みを聞いてほしいと思うなら、まずあなたが相手の悩みを聞いてあげられる人になる。これもまた友情を考えるうえでは、大切なポイントです。

そういう意識でいれば、「本当の友だち」は必ずできます。

私もあなたの友人の一人として、心から応援しています。

親を好きになれないあなたへの手紙

好きになれない気持ちの裏で「親子だから」という甘えがありませんか?

旅行に行かれたそうですね。家族揃って出かけられたのですか? 楽しそうなあなたの笑顔が目に浮かびます。そして、「親を許せないんです」と言っていたあなたの強い口調を、昨日のことのように思い出しました。

そんなあなたが、今ようやくいろいろな思いを乗り越えて、家族全員で旅行に行けた。それこそ、人生の「本当の喜び」だと私は思います。

成績優秀で、いい会社に入り、エリート男性と結婚したきょうだいといつも比べられて育った人、「お前は失敗作だ」という親の心ない言葉に傷つき家出をくり返していた人、自分は必要とされていないと思い込んでいた人、等々。

あなたと同じように、親を好きになれなかったという人はいることでしょう。

でも、忘れないでください。どんな家族も、あなた自身が選んで生まれてきたのです。

家庭は、いうなれば「学校」のようなもの。別々のたましいが、それぞれにふさわしい学びをするために集まった仲間です。血はつながっていても、たましいは別。だから、親子でもきょうだいでも個性はまったく違うでしょう。

たとえば、まじめで努力家のきょうだいに対して、自由奔放なタイプのあなたなら、水と油のようなもの。でも、違う個性だからこそ、自分にないものを相手から学べるのです。

多くの人が、家族とはもっとも絆の深い関係であり、いつも身近にいて、何でもわかりあえるはずだと思っていますが、それは誤解です。

最初から何でもわかりあえる、理想の家族なんてこの世にありません。

お互いの違いに戸惑い、衝突をくり返し、何度も涙する中で、人は自分を見つめ、相手を見つめ、本当の愛を学ぶのです。

また、人にはたましいの年齢があります。何度も再生をくり返し、経験を積んだ大人のたましいと、まだ経験の浅い子どものたましいがあるのです。親だからといって、大人のたましいだとは限りません。子どもよりたましいの年齢が幼い場合もよくあります。

きょうだいを物質的なもの、たとえば成績や容姿、会社の名前や収入などで比較して、片方をけなす人は、おそらくたましいの年齢が幼いのでしょう。けれど、そういう両親をあなたは選んで生まれてきた。ということは、両親の姿勢を反面教師として、比較される苦しみを乗り越えることが今生の課題なのかもしれません。そのことが理解できたとき、あなたのたましいもまた大人へと成長するのです。

ところで、なぜご両親がそういう物質的な事柄にこだわるのか。ご両親の育てられ方の中にその原因があるかもしれません。

本来の「親心」とは、子どもがすくすく育ち、きちんと自立してくれることだけを願うもの。それ以上の何かを求めるものではありません。

ご両親も、同じ人間です。学ぶべき課題があるからこの世に生まれてきた、たましいです。そんな「一人の人間」としてご両親を見つめ直してみることができますか？

すぐには理解できなくても、理解しようと努めることはできるはずです。

仮に理解はできたとしても、「〝許せない〟という気持ちまでは消えない」とあなたは言うかもしれません。そんなあなたに、私はこう言いたいと思います。

「親離れしましょう」

「許せない」と思う心の底には「もっと愛してほしい」「もっとほめてほしい」という思いがあるのです。それがかなわないから、「許せない」のです。

けれど、親を含めた他人からの賞賛や評価を求めているかぎり、あなたは自由には生きられません。自分の生きたい道、自分らしくいきいきと生きる人生ではなく、親が選ぶ道、人にほめられるための人生を送ることになってしまいます。

誰かにほめられなくてもいいではありませんか。自分で自分をほめられるようになりましょう。自分で自分を叱《しか》り、自分で自分をあやし、自分で自分を正しく評価する。それが大人になるということ、自立するということなのです。

誰にほめられなくても、あなたはあなたです。

あなたなりのすばらしさが必ずあります。

家族との関係に苦しみ、乗り越える。

この経験は決して無駄にはなりません。あなたのたましいは大きく成長したのです。すばらしい旅になりましたね。

おめでとう。そしてこれからも、いい旅を！

ブログの書き込みにショックを受けているあなたへの手紙

インターネットは生活を便利にする「道具」。人や社会とつながる手段ではありません

あなたが何やら傷ついてショックを受けていると聞きました。見知らぬ人から中傷を受けたのでしょうか？　それとも友人からの中傷でしょうか？

いつも何にでも一生懸命になる人ですから、思わぬ中傷に驚いたことでしょう。

けれど、一見「災難」としか思えない事柄にも、大切なメッセージは潜んでいるものなのですよ。

最近ブログを開設する人は増えています。簡単につくれるし、デザインを決めるのも楽しい。しかも多くの人に、自分を「表現」してみせることができる

ので、魅力的だと思います。けれど、同時にリスクもとても大きいもの。誰が読んでいるのか、まったくわかりませんし、少し不用意な発言をしただけで、妬みを買ったり、悪意を向けられる可能性は高いのです。

以前、中傷メールに悩んだ人が、その発信元を調べたところ、身近な知人だったことがわかり、激しいショックを受けたという話を聞いたことがあります。

多くの著名人がブログを始めていますが、それはあくまで「見せたい自分」を計算したうえでのこと。「知らせたい」内容だけを吟味して、ＰＲのために書くのです。もちろん、不特定多数の人に読まれるリスクも、きちんと計算しています。そういうことに慣れていないなら、もっと慎重になったほうがいいかもしれませんね。

日記感覚でブログを始める人は多いようですが、もともと「日記」とは、人に見せるものではなく、自分との心の対話であり、内観です。人に見せることを意識すると、自分の心を素直には出せません。「見せたい自分」を書くことになるし、そこに「ひけらかし」の要素が入らないとも限りません。本人にそのつもりはなくても、「ひけらかしている」と受けとって、やっかむ人もなかにはいるのです。

また、今は誰でも「評論家」になってしまえるのが怖いところです。

誰でも自由に平等に、全世界に対して発信できるのは、一見すばらしいことのように思えます。けれど、一度発信されたものは、一人歩きをして、あらぬ誤解を受けたり、批判の対象になることもあります。特定のブログやサイトが攻撃される「炎上」なども話題になりますが、それがいつ自分の身に降りかかっても、おかしくないのです。

いずれにしろ、そんなトラブルに見舞われたときは、冷静になり、「波長の法則」を思い出してください。自分の周囲に起こる出来事は、すべて自分の波長が呼びよせたもの。単なる偶然ではなく、「因《いん》・縁《ねん》・果《か》」が必ずあるのです。

自分をひけらかしてはいませんでしたか？

人の揚げ足をとったりしませんでしたか？

波長の法則で、似たような人が反応してきたのではないか、と分析してみましょう。

ブログは不特定多数の人々の目にさらされるということを強く意識する必要

があります。もちろん、プライベートは極力見せないこと。あなたの写真はもちろん、家の近くの景色の写真だけでも住所が特定できますから、細心の注意が必要でしょう。

インターネットは、調べ物などをするには便利な道具ですよね。けれど、人や社会とつながるために使うには、リスクが大きすぎるのかもしれません。〝目に見えない相手〟の本性は、なかなかつかめないものです。自分の身を上手に守りながら、賢くネットとつきあっていく。そういう知恵が必要とされる時代なのでしょう。

今回の経験で、手痛い思いもしたことでしょう。けれど、もっと大きな犯罪にまき込まれる前に気づけてよかった。大切なことを学ばせてもらえたのです。

悪意に負けずに、あなたらしい新たな表現方法を、ゆっくり探してみてください。

人と会いたくないあなたへの手紙

忙しいとき、疲れているとき ——「心の休憩時間」の過ごし方

休みの日には一切外に出ず、家に引きこもっているそうですね。

でも、私もあなたの気持ちはわかります。忙しい毎日を送っていると、人に会うのが億劫《おっくう》になるときもあるものですよね。

人間関係は煩《わずら》わしい。だからこそたましいが磨かれるのですが、現代という時代は、以前とは様相が違っているので少々やっかいです。

今は、社会全体が「意地悪」になっている——そう感じたことはありませんか？

たとえば練習をサボったり、マナーが悪かったりしたために、一斉にバッシ

ングされたスポーツ選手がいました。失言をバッシングされて活動を自粛した歌手もいましたね。

もちろん対象となった言動は、ほめられるものではないでしょう。けれど、生まれてから一度もサボったことのない人がいるでしょうか。失言したことのない人がいるでしょうか。

私たちは完璧な存在ではありません。失敗もすれば、怠惰に流されることもあります。みんな未熟なのです。だからこそ、この世に生まれてきたわけで、はじめから完璧であれば、生まれてくる必要などないのです。

昔の人はそれがわかっていました。「人のふり見てわがふり直せ」ということわざがあるように、「悪いところは、お互いに気をつけて直していきましょう」という姿勢があったのです。

でも今は、人のふりをあげつらうことにみんな必死のように見えます。「陰口」なんて今はありません。陰でこっそり言うのが陰口ですが、今やみんな表で堂々と悪口を言います。これではもう「表口」です。

そして、本当に伝えるべきことは、伝えていません。心からの愛や、慈《いつく》しみ、自分の素直な感情、悲しみや喜びといった、人と分かちあいたい、分かちあうべき思いはあるのに、それを伝えられなくて悶々《もんもん》としているのです。一億総コミュニケーション不全症候群の時代といえるかもしれませんね。

こんな世の中で、人にもまれて生きていくことは、相当に骨の折れることです。だから、もし、今あなたが人に会いたくないと思ったとしても、私は少しも不思議に思いません。

疲れてしまったのなら、休むのが一番です。十分に休息をとりましょう。静かに自分を内観し、必要なら専門医を訪ねてもいいでしょう。

そういうケアをしたうえで、いつかは人の中に出ていくことが大切です。くり返しますが、人の中でこそ、たましいは磨かれるからです。

でも疲れすぎないために、知っておくと役立つポイントをいくつか書いておきます。

一、まず笑うこと。ほほえみを絶やさないこと

「そんなのバカみたい」と思うかもしれません。それでも、いいのです。笑顔

にはとても強いパワーがあり、笑顔から出る高い波長はあなたを守り、やさしい人を引きよせてくれるでしょう。

二、挨拶をきちんとすること

何か話さなくては、と無理する必要はありません。大きな声でニコニコ挨拶。それで十分です。挨拶をすることで、自分に自信がつきます。人の中に出ていく「構え」ができるのです。

三、話の聞き役にまわること

人間関係で大切なのは、話すことではありません。「聞く」ことです。みんな自分の話を聞いてもらいたいのです。だから相手の話を、何の批判もまじえずに聞いてあげられる人は好かれます。

聞いた話をすべて受け入れる必要はありません。取捨選択して、必要なものだけ受け入れましょう。そうしないと、よけいな情報や相手の感情に惑わされて、また気持ちがふさいでしまうかもしれません。

四、自分だけの「喜び」を持つこと

たとえば「好きなケーキを買って、家で韓流ドラマをゆっくり見る」でもいいのです。誰にも遠慮せず、自由に喜びを感じられる時間を確保しましょう。

外に出て人と会う時間は、社会生活を営む学びの時間です。一方、一人で好きなことをする時間は、生きる喜びを感じられる充実の時間です。私たちには、そのどちらも必要なのです。

さあ、少し元気が出てきましたか？　家から出たくないというあなたの感情はごくごく自然なものです。けれど、それに流されないように。上手に人との関係を楽しみ、そこから学んで、豊かな人になってください。

人があってこそ、
自分は磨かれる。

その友人からあなたは何を学べますか？

人間関係はあなたの人生を深めてくれるものです。

私たちは、生まれて最初に家族と出会い、そこで愛を学びます。次に出会うのが、友人です。このつきあいからも、大切なことがたくさん学べます。

冒頭にも書いたとおり、人生は経験と感動を味わう旅です。

より多くの経験と感動を味わうために、いろいろな人と関わりを持つのはとても大切なこと。テレビのチャンネルもたくさんあるから楽しいのです。人間関係のチャンネルも、たくさん持ちましょう。

もちろん、友人関係も喧嘩《けんか》やトラブルが避けられないのは事実です。けれど、それを恐れる必要はありません。

常に、そこから何を学べるのかを考えれば、どんなトラブルもすべて豊かな実りにつながります。

私たちが人間関係で悩むとき、その原因をついまわりのせいにしてしまいがちですが、あなたのまわりにいる人は、今のあなたを映し出す鏡。

そのことを忘れなければ、あなた自身のありのままの姿が見えてくるはずです。自分が見えれば、どこがいけないのかが理解できます。どう修正すればいいのかもわかるでしょう。それはたましいが成長したということです。

相手のせいにしているだけでは、この成長ができません。自分自身が見えないまま、何の気づきも得られず、修正もできないからです。

自分が引きよせた相手だと理解して、自分自身を見つめ直してみても、それでもまだトラブルばかりが生じるようなら、その人とは少し離れてみるのがいいでしょう。相手のいいところだけが見えるくらいの距離を保つのです。

それができないとしたら、「この人を失うとさびしいし、一緒にいると利用できるところもあるから」という気持ちがあるのではないでしょうか。

それは、自分では見たくない、気づきたくない部分かもしれません。ですが、そこにスピリチュアルな光を当ててみることで、今まで以上に豊かな人間関係が築けるヒントになるのです。

誰とつきあうか、どうつきあうか。それを決めるのは、ほかの誰でもありません。あなた自身なのです。

自分の周囲の人間関係は、自分で築く。その覚悟、主体性を持ってください。自ら決めて心を開いたつきあいの中で、人生という旅を楽しめば、人との関係から多くのことを学べるはずです。

すばらしい喜びも待っていることでしょう。

幸せな人間関係を築くコツ

どんなにいい友人であっても、心を開きすぎるのは賢明ではありません。

少し気の合う人と出会うと、うれしくなって、「聞いて、聞いて」と自分の話をまくしたててしまう。これは相手にも負担です。

人との関係は、腹六分目のつきあいがベストなのです。

何もかもさらけ出すと、つきあいは長続きしません。モノでたとえるのは恐縮ですが、どんなに気に入って買った品でも、使いきってしまえばいらなくなるでしょう。どこか神秘的な部分があるからこそ、もっとつきあいたいと思ってもらえるのです。

自分を小出しにしていくこと。これが幸せな人間関係を築くコツです。

そもそも「心を開く」とは、自分を全開にしてさらけ出すことではありません。「心の窓」を開くということ。その窓から、冷静に、理性的に相手を見つめ、自分も見てもらう、ということです。

それができたとき、いい人と、いい関係が生まれます。

そのためにも、「聞き上手」になりましょう。

人間関係が苦手だと思う人ほど、聞くことに徹するほうがいい。

ただし、ネガティブな悪口の聞き上手にだけはならないでください。

人の悪口には、相づちを打つのもやめましょう。

悪口が始まったときはさりげなくその場から離れるようにしましょう。その場にいただけで悪口に同調したと思われないとも限りません。

確かに人との関係には、煩わしいこともたくさんあります。けれど、そこから逃げずに、その人間関係の中から学ぼうと努力を続ければ、やがて人の心の中もよく見えるようになってきます。人に受け入れられることの喜びも実感できるようになっていくでしょう。

そうなれば、もっと明るく、積極的に、人との関わりの中に入っていけます。人生という旅が、楽しく豊かな人間関係でさまざまに彩《いろど》られるようになるのです。

【恋愛についての「5つの手紙」】

誰かを好きになるのは、心を磨くレッスン。

人を愛する――。このこと自体、大きな「喜び」です。

これは、ただ誰かを好きになってうれしいとかいうのとは、少し意味が違います。本当の意味で人を愛するということは、自分より相手を大切に思い、相手のために行動することだからです。これを「大我《たいが》の愛」といいます。

人には誰でも「自分がかわいい」と思う気持ち＝小我《しょうが》があります。小我を乗り越えて、ただひたすら相手の幸せだけを願う大我に至ることは、すぐにはできません。小我の愛から、さまざまな経験と感動を経て、大我の愛へ。大我の愛で人を愛せたとき、すばらしい喜びがあなたを満たします。その道のりこそが人生といってもいいでしょう。

私たちはその道程で、さまざまな感情を味わいます。思いが伝わらないせつなさも、別れの悲しさも、もちろん心が通いあう喜びも。恋愛こそ、喜怒哀楽の宝庫です。ですから、恋はたくさんしてください。それによってあなたの感性はさらに磨かれていくのです。

傷つくのではありません。
たましいが磨かれているのです。

自分勝手な恋人に振りまわされているあなたへの手紙

誠実に愛しあえる、すばらしい人との出会いを引きよせるコツ

「いつも自分の都合で私を振りまわすんです。本当に腹が立ちます！」と言うあなた。自分勝手な恋人に悩まされているようですね。

けれど、あなたは前の恋愛のときも、同じことで怒っていませんでしたか？

もっと自分を見つめてみてください。同じ悩みをくり返すのは、前の恋で学ぶべきことを学べなかったということではありませんか？

厳しいことを書くようですが、あなたがたましいを成長させられなかった、ということなのです。

今度こそ、もっと真剣に、今の関係を見つめ直してみましょう。

今の恋人は、どんなふうに自分勝手なのでしょう?

自分の都合のつくときにしか会ってくれないのでしょうか。

それとも、あなたが困ったときに電話をしても冷たく切ってしまうのでしょうか。

一度冷静に考えてみてください。

その恋人に、あなたへの誠意がありますか?

仕事などで本当に忙しくて会えないのかもしれません。けれど誠意があれば、何らかの行動に表われるものですよね。

たとえば、あとで電話をしてきて「ごめんね、行けなくて」と謝るとか、少しの時間でも見つけて会いにくるとか……。

そういう行動がないなら、残念ながら誠意はないと判断するしかありません。

ほかに本命の恋人がいるのか、あるいは、自分のことしか愛せないタイプの人だという可能性もあります。

「そんなことはない」と否定したい気持ち、恋人を信じたい気持ちはわかります。けれど今、大切なのは「何を信じたいか」ではなく、「事実はどうか」と

い。

つらいかもしれませんが、勇気を出してありのままの関係を見つめてくださいということです。

そこに、「愛」がありますか？

本当の愛とは、自分のこと以上に相手を大切に思う気持ちのことです。

一度恋人を突き放して、その反応を見てみてはどうでしょう。

「今は会いたくない」とあなたが言ったときに、あわててあなたを追いかけてくるようなら、相手の愛を信じてみてもいいでしょう。「それならいいよ」と言うなら、それがはっきりした答えです。

そのときは、潔《いさぎよ》く別れを決めましょう。

ここで重要なのは、あなたがなぜ「いつも」誠意のない人に惹《ひ》かれてしまうのか、ということ。これから幸せな恋愛をするために、今こそその理由を真剣に考えてみることが必要です。

ところでオペラ歌手のマリア・カラスを知っていますか？　彼女は大富豪のアリストテレス・オナシスと交際を始めますが、周囲の証言によると、オナシスという人は、富はあるものの人としての品格はなく、彼女に対する扱いもひどかったそうです。

たとえば誕生日に「お花をプレゼントして」と頼んでも、「自分のものになった女にそんなものは必要ない」と断ったり、歌についても「金はあるのに、なぜまだ歌うんだ」と言ったり。そして結局、アメリカ大統領J・F・ケネディの未亡人だったジャクリーンと結婚してしまいます。

それでも、カラスはオナシスを忘れることができなかったそうです。なぜだと思いますか？　彼女の生い立ちに、その原因が垣間見えるように感じます。

カラスの母親は男の子を望んでいたため、彼女が生まれたとき、本当にがっかりしたという逸話が残っています。また、幼い頃から美しい姉と比較されて、「私は愛されない」と思いつづけて育ち、さらに両親が離婚したため、親の愛にも飢えていたようです。

そういうさびしさがあるからこそ、人の心を打つ歌が歌えたともいえます。けれど反面、そのさびしさが、自分を不幸にするだけだとわかっている恋へ突き進ませた、その恋を手放せなくしていた、ともいえると思うのです。

さて、あなたの心の中には、今どんな思いがあるでしょうか。

自分と向きあうのは、厳しい作業です。けれど今こそ、あなたの心の中にあるものを見つめ直してみてください。

そこにさびしさを見つけたなら、思い出しましょう。

あなたは軽んじられていい存在では決してないことを。

あなたは、愛し、愛されるために生まれてきた、かけがえのない存在です。

あなたが冷静に自分を見つめ、現実を見つめる勇気を持てたら、一歩前進。

その勇気はあなたの波長を高めます。その波長が、誠実に愛しあえる、すばらしい人との出会いを引きよせるでしょう。

今度は幸せな恋の報告を楽しみにしています。

好きになってはいけない人を、好きになったあなたへの手紙

恋愛にいい悪いはありません。たましいが成長できるかどうか、なのです

大好きな人に自分から別れを切り出したそうですね。まわりに気を遣わせまいと明るく振る舞うあなたに、深い悲しみを表わすオーラが読みとれました。けれど、そんなあなたは、今まで以上に輝いていたように思います。

「好きになってはいけない人」との恋が、あなたを美しくしたのでしょう。いわゆる「道ならぬ恋」をした人が、誰でも美しくなれるかというと、決してそんなことはありません。条件があるのです。

それは、「好きになってはいけない」ということが、自分の中で深く理解できているか否か、です。

今は、「好きになってはいけない人」などいないように思っている人がたくさんいます。相手が結婚していても、子どもがいても、「好きならいいじゃない。恋愛は自由でしょ」と思ってしまう人も多いのです。それは幼い考え方だと思いませんか？

確かに、人を好きになるのを止めることはできません。けれど、そこから先、どういう行動をとるか。それを見れば、その人のたましいの成熟度がわかります。相手に対する愛が、本当の愛＝大我の愛か、それとも自分がかわいいだけの利己的な愛＝小我の愛かがわかるのです。

小我の愛しか持てない人であれば、相手の事情におかまいなく、「好き」という気持ちを押し通そうとするでしょう。その人にパートナーがいても、強引に振り向かせようとするかもしれません。

大我の愛を持つ人なら、まず相手のことを考えます。これまで生きてきたその人の歴史、愛する家族や仕事。さまざまな事情を抱えたその人にとって、何が幸せか。それを考えることができます。そして、「この人を好きになってはいけない」ということに、気づくこともできるのです。彼（彼女）が築いてきた家庭、奥さん（旦那さん）や子どものことまで考えて、「私の恋は成就しないし、させてはいけない」――理性でそう判断することもできるのです。

ただ、不倫の中にも未来がある場合があります。それは、お互いの夫婦間、親子間での責任を果たしたうえで、別れて新しいパートナーと人生を歩んだほうがいいと、理性で割り切れる場合です。

私たちは皆未熟な存在ですから、結婚後に出会った相手が、本当の相手だったと気づくこともあります。ただ、そのときは、一時の感情に流されず、周囲を傷つけない形で別れられることが条件です。

別れを選んでも、継続することを選んでも、最終的には自己責任です。ただ、常に理性的で、大人の感性を持っていることが大切です。

あなたは今回の経験で、傷ついたと思っていませんか？

でも、たましいにとって「傷つく」ということはありません。「磨かれた」のです。そのときは痛い思いをするかもしれませんが、宝石と同じで、磨かれたぶん、たましいはより強く輝くようになるのです。

恋がすばらしいのは、成就して楽しい思いができるからではありません。

その人との出会いと別れを通して、心から喜び、笑い、真剣に悩み、苦しむ。その経験によって、たましいがより強く、やさしく成長することができるからなのです。

人生と同じように、恋にも「失敗」などありません。たとえふられて目がはれるほど泣いたとしても、恋はしないよりするほうがいいのです。

「好きになってはいけない人」との恋。それこそ、たましいが磨かれる体験でしょう。でも、だからこそ輝けるのです。

自分の思いだけではどうにもならないことは、この世にたくさんあります。「仕方がない」ことを「仕方がない」と受け入れる。苦しみ、もがきながらも、それができるようになることは、たましいの飛躍的な進歩です。

人は誰でも、最初は小我の愛しか抱けません。自分だけがかわいい気持ちを拭《ぬぐ》いさることができません。さまざまな体験を経てはじめて、本当の愛＝大我の愛を抱けるようになるのです。そして、大我の愛こそが、その人を真の幸せに導きます。

あなたのたましいには、大我の愛がありました。

ただひたすら相手の幸せを願う、本当の愛がありました。
そんなあなたが幸せにならないはずがありません。あなたなら大丈夫。
今はまだ少し無理をした笑顔かもしれないけれど、心からの笑顔が輝く日は、
すぐそこまで来ています。

あなたは、
愛を学ぶために生まれてきました。

恋愛は、「感性」を磨くレッスン

恋愛というと、あなたはどんなことを思うでしょうか。

自分の思いが受け入れられて、相手からも同じように愛されることでしょうか。

または、おつきあいしている人と一緒に過ごせることでしょうか。

スピリチュアルな視点で考えると、恋愛は感性のレッスンです。私たちは人を好きになることで、うれしいことや楽しいことだけでなく、苦しさや悲しみや怒りといった感情を味わいます。恋愛によって感性が磨かれるのです。

先の手紙でも書きましたが、誰かを好きになったときは、相手の幸せを考える大我からの愛か、それとも自分のことしか考えられない小我からの愛か、という視点が大切です。

こんな心を持つ人の恋愛は必ずうまくいく

誰かに恋をしているときのことを考えてみてください。

私たちは未熟な存在です。はじめから大我の心で人を愛することはできません。誰の心にも最初にあるのは、小我です。

ですから、最初からひたすら相手のために、などとは思えないでしょう。

最初に訪れる変化は、「あの人は自分をどう思っているだろう?」と考えるようになることです。

そんなふうに他人の目を意識することは、恋愛以外ではそうありません。家族や友人相手だと、多少は気になりますが、恋する相手ほど「自分はどう見られているか」が気になる人はいないでしょう。

だから、恋をするとみんな今までとは違う行動をとるようになるのです。

編み物などしたこともなかったのに突然セーターを編みはじめたり、料理が苦手なのにお弁当をつくってみたり、身だしなみに無頓着だったのが、一日中鏡を見て、ファッションを研究してみたり。

すべて、相手にどう見られているか、それが気になっているがゆえの行動です。

これは、客観的に自分を見られるようになる、飛躍的な一歩なのです。

でも、この段階はまだ小我です。中心にあるのは「自分」です。

そこから大我の愛へ変わるのは、「相手にとって、一番の癒しになる自分であればいい」ということに気づいたときです。

そのためにはどうすればいいか。あれこれ小細工をせずに、自然体でいればいいのです。自然体でいる人の前では、人は緊張しません。穏やかな気持ちになれます。

自然体でいることによって、相手にとっての「太陽」になれるのです。

相手を緊張させる北風ではなく、相手の心を温める太陽のような存在になりたい。

小我の愛から、大我の愛へと近づき、「太陽のような存在」へと成長していくこと。

それができたとき、かけがえのないパートナーと幸せになることができるのです。

心が熱くなる恋愛だからこそ、
頭はクールに。

なかなか人を好きになれないあなたへの手紙

誰かを好きになることを恐れていませんか？
出会いたいなら自分から行動を起こしましょう

「喜怒哀楽は人生の名所？　だとしたら私の人生、名所にたどり着くまでの距離が長すぎるんじゃない？」

なかなか好きになれる人が現われず、そんなふうに思ってはいませんか？

でも、そんなあなたにこそ、ぜひ恋愛をたくさん経験してほしいのです。

こんなふうに書くと「簡単に恋ができれば苦労はない」なんていう声が聞こえてきそうですね。

しかし今、あなたのように、恋愛に一歩踏み出すのをためらう人、傷つきたくない人が、とても増えているように思います。

「出会いがなかなかないんです」という言葉もよく聞きます。

でも、本当に出会いがないのでしょうか？

「容姿にはこだわりません。しいて言えば、キムタク？」

「年収なんて、生活していけるくらいでいいんです。一千万ほどあれば」

そういう人に出会いがないのはむしろ当然ではないですか？　冗談ならともかく、そういう物質的な条件に関する「理想」が高すぎると、出会いの可能性は狭まってしまうからです。

特殊な例ですが、結婚詐欺事件の報道などを見ると、「どうしてこんな人に騙されるんだろう」と思えるような明らかに怪しい人が、いともたやすく女性を騙しているのに驚くことがあります。

かつて職業をパイロットだと偽って、女性をくどく手口の詐欺師がいました。

普通に考えれば、パイロットの制服などを着て現われたりしたら、その段階でおかしいと気づくはずです。仕事以外の場で制服を着ているパイロットなどいるはずがありません。

それなのに騙されてしまうのは、「この人がパイロットであってほしい」「パイロットと結婚したい」という願望が、騙される側にあるからです。

相手に、社会的地位や年収、容貌などの物質的なものを求めすぎるのはカルマとなります。それが騙されるという結果になって返ってくるのです。

物質的な条件だけで、相手を見てはいけません。

いい出会いがないのではなく、探そうとしていないのではないですか？

心の美しい人を探していますか？

外見や条件に惑わされず、相手の「心」を知ろうとして見れば、美しい人はたくさんいます。

まずは、「心の美しさ」がわかる人になりましょう。心は外からは見えません。ですから、何をもって「心が美しい」とするか、あなたなりに、具体的に考えてください。

言いかえれば、あなた自身のオリジナルな「理想の人」を思い描くこと。それが大切なのです。そして、そういう理想の人を「探そう」と強く意識してみましょう。

そうすれば、きっと出会いのチャンスは増えるはずです。

人生で大切なのは、念力とタイミング——『幸運を引きよせるスピリチュアル・ブック』に私はそう書いていたと思います。念じる力と、タイミングよく出会いをキャッチする力。それを鍛えてください。そうすれば、きっと恋人はできますよ。

漠然とした「理想の人」や世間の人が「理想的」という人との出会いを、ただ待つだけでは恋はできません。

具体的にどんな人と出会いたいのか、想像しましょう。もっとも、想像と妄想は違います。想像できれば、出会いを求めていることをまわりに伝えるなど、何かしらの具体的な行動を起こすようになります。妄想は具体的な行動が伴わないので恋は生まれません。

自分の力で、自分の理想を手に入れてみせる！

そう決意したとき、恋の序章の幕が開くのです。

息をのむような絶景が、きっとあなたを待っていますよ。

ダメな異性とばかり縁があるあなたへの手紙

いい人と出会いたい、素敵な結婚がしたい……それはあなたの本心ですか?

「どうして私が好きになる人はいつも問題を抱えているのでしょう?」

あなたのその言葉を聞いて、私はこんなふうに思いました。

「なぜあなたはいつも問題のある人を選ぶのだろう」と。

もちろんあなただけではありません。仕事が長続きせず、女性にお金を無心する男性、次から次へと相手を変えなくてはいられない浮気がちな女性など、問題のある相手とばかりつきあう人はいます。

それでいて、なんて恋愛運が悪いんだろう、なぜほかの人のように幸せな恋愛ができないんだろう、と悩む人の話もよく聞きます。

どうしてそんな恋をくり返してしまうのでしょうか？

私はよく「宿命」と「運命」の話をしますよね。

恋愛も含めて「運命」は、自分でつくるものです。出会う相手に関しては、ある程度「宿命」で決まっている部分もありますが、その出会いをどう恋愛に結びつけるか、関係を継続するかは、自分でつくる「運命」の部分です。

今回も、あなた自身がその相手を選んだのです。

なぜ、あなたがいつも幸せになれない相手を選んでしまうのか、私もあらためて考えてみました。

あなたは無意識のうちに「私のことを好きになってくれるのは、こういうダメな人しかいない」と思っているのではありませんか？　あなたを見ていると、自分に自信がないために、相手に求めるハードルが、最初からぐっと低くなっているように感じます。

また、依存されることでしか幸せを感じられないのではありませんか？

あなたは、「私だから信頼してくれている」と思っているかもしれません。

けれど、信頼とは、互いに感じるべきもの。互いが自立している二人の間に成り立つ感情です。自分ひとりでも立っていられる。そのうえで「でも今は力を貸してほしい」ということがお互いに言いあえてはじめて「信頼関係」は成り立つのです。

一方的に相手が頼ってくるだけなら、それは信頼ではなく、依存です。

思いあたるふしがあるなら、あなたも相手に頼られることでさびしさを紛らわしているのかもしれませんよ。

それとあなたを見ていて、もう一つ、考えられるのは、あなた自身に「まだ結婚したくない」という思いがあるのではないか、ということ。

本心から結婚したいと思っているのなら、結婚できる相手を探すものです。結婚に向かない相手とばかりつきあっているとすれば、本心ではまだ結婚したくないのかもしれませんね。どうですか？

「いい人と出会いたい」「結婚したい」と口では言っていても、心の奥底には、結婚に対する恐れや、人間そのものに対する不信があるのではないですか？

もし、あなたの課題に気づかなければ、同じような出会いがくり返されることでしょう。たとえば、自信のなさが恋愛に影響していると気づいたなら、その自信のなさの原因を見つめ直すのです。

ここで私からあなたに、この言葉を贈ります。

「人は誰でもその人なりの幸せな出会いが用意されています」

いい機会ですから、一度自分の心の中をじっくり覗いてみましょう。

自分の本当の気持ちがわからないなら、『〝幸運〟と〝自分〟をつなぐスピリチュアル セルフ・カウンセリング』(三笠書房《王様文庫》)を参考に。今までどんなふうに生きてきたかを振り返ることができるようになっています。

何が今の自分を形づくっているのか。それが理解できれば、幸せへの扉は開きます。乗り越える力が自ずと生まれてくるからです。

自信とは、冷静な分析と判断にもとづいて、自分でつくるもの。つらい経験もふくめ、その身をもって味わわないと、自信はつきません。ましてや人が与えてくれるものではありません。自分の力で、自信を手に入れてください。

あなたに自信が生まれたとき、きっと素敵な恋人との出会いが待っているはずですよ。頑張ってください。

恋人に突然別れようと言われたあなたへの手紙

別れのない出会いはありません。それは、すべての人に平等な真理です

いきなり恋人から「別れてほしい」と言われれば、誰でも一瞬、息をのむでしょう。

昨日までは、愛しあっていたはずなのに、突然、背中を向けられた。今のあなたが、「生きているのがつらい」と思ってしまったその気持ちもよくわかります。

けれど、どうか落ち着いて。今、一番大切なのは、「感情」ではなく、「理性」です。心は痛みつづけていると思いますが、そんなときだからこそ感情を抑え、頭をフル回転させましょう。

人と「別れる」ということ。それはどういうことなのか、まず考えてみてください。

この世で出会った人の中に、別れない人がいるでしょうか。

恋は、いつか終わるものです。

「終わらない恋」は、残念ながら存在しません。

「結婚すれば、恋はつづけられる」と思いますか?

夢を壊すようで恐縮ですが、結婚すると恋は終わります。結婚してからも恋人気分でハラハラドキドキしていては、現実の生活は営めないでしょう。

「恋は終わっても、夫婦という関係でいれば、別れずにいられる」

そう思う人もいるかもしれません。でも、結婚しても別れる人はいますし、たとえ離婚せずに、仲よく連れ添ったとしても、それでも必ず「死」という別れは訪れます。

この世で出会って永遠に別れない人など、一人もいないのです。

私たちは、皆一人でこの世に生まれ、一人でスピリチュアル・ワールド(たましいのふるさと)へと帰っていく存在です。

人生は、一人旅。別れるくらいなら、誰とも出会わないほうがよかったでしょうか？　愛さないほうがよかったでしょうか？

違いますよね。たとえ別れたとしても、出会って、愛したという事実は残ります。ともに過ごした時間の輝き、ときめき、せつなさ。そういった経験、宝石のようなその時間だけは、なくなりません。その経験は、たとえ肉体がなくなっても、あなたのたましいに永遠に刻まれる宝物なのです。

出会って、愛した。その事実を抱きしめてください。誇りにしてください。

その誇りが胸にあれば、次の恋へと踏み出せます。どんなにつらくても、恋愛をしていた間には、楽しい経験をたくさんしたはず。いい思い出だけを心に大事にしまってください。終わった恋を忘れる必要なんてないんですよ。

あなただけではなく、多くの人が誤解していますが、宿命の人は一人とは限りません。新しい出会いは、いくつも用意されているのです。

それを知ってなお胸の痛みが消えないとしたら、痛みの原因はおそらく嫉妬ではないでしょうか。相手は、あなたと別れて、これからまた別の人と恋をし、結婚もするだろう。そんなふうに考えて、たまらなく妬ましく感じてしまうのではないですか？

その気持ちも自然なものです。自分の思いを否定する必要はありません。けれど、嫉妬心を抱いていると苦しいですよね。前に進もうとするあなたの足を引っぱってしまうかもしれません。そのエネルギーは相当なもの。嫉妬なんて手放して、あなた自身の未来にエネルギーを使いましょう。相手が新しい道に歩み出したように、あなたにも別の道が開かれています。

私たちにできるのは、ただこの旅を続けることだけ。経験と感動を求めて今日をひたすら生きることだけです。

そして最後に、もう一つ大切なポイントを思い出してください。

あなたが本当に相手を愛しているなら、その人の幸せがあなたの幸せであるはず。

たとえ、あなた以外の人と結婚したとしても、それでその人が幸せなら、「おめでとう」と祝福できるはず。それこそが本当の愛ですよね。

もちろんそう簡単にはいかないかもしれません。「祝福なんてできない」と思ってしまうのも無理からぬことだと思います。

けれど、まずは理性で、そのことを確認してください。すぐには無理でも、理性で理解できていれば、やがては感情をコントロールできるようになります。かけた塩がじっくり野菜にしみ込んで、おいしいお漬物ができるようなもの。「理性」が時間をかけて「感情」にしみ込んでいけば、悲しみも苦しみもやわらいで、やがて必ず「いい思い出」へと変わるのです。

その日をゆっくりと待ちましょう。

失敗を避けようとすると、
幸せから遠ざかります。

人は傷ついたぶんだけ、もっと幸せになれる

「恋愛するより一人でいたほうが気楽」という人も、今は増えているようです。

これは一見自立した人が増えているようでいて、実は無意識のうちに、失敗すること、傷つくことを恐れている人が多くなっているということでもあります。これは大きな問題です。

確かに誰でも失敗はしたくないでしょう。けれど、スピリチュアルな視点で見れば、どんな失敗も失敗にはなりません。それは、より豊かなたましいへと成長していくためのチャンスだからです。

むしろ、どんな経験もすべて「成功」なのです。

また、傷つくことを恐れる必要もありません。「傷ついた」というのは、錯覚。いつも言っているように、たましいが磨かれたということです。

私たちはどうして、失敗や傷つくことを恐れるようになったのでしょうか。

その背景には、教育の問題があるように思います。戦後の教育は、「できた」か「できないか」を基準に子どもを評価してきたように感じます。できなかったら、「不合格」「ダメな人」という烙印を押されてしまう。だから、「できない」こと、失敗することを恐れる人ばかりが増えたのでしょう。

失敗して、「ダメな人」と言われると、誰だって傷つきます。周囲に認められないことが怖くなればなるほど、傷つくことを恐れるようになるのでしょう。

これは、教育における一つの誤りといえるかもしれません。

人は何かが「できる」か「できない」かだけで評価されるべき存在ではありません。その人が生きている。そのことだけで十分すばらしいのです。

人は生きていれば、さまざまな体験をします。悩んだり苦しんだり、喜んだり笑ったり。そんな体験を通して、少しずつ成長していく。何かに気づいて、たましいが磨かれていく。その過程こそがすばらしいのです。

失敗しても、決してあなたの人格が否定されるわけではありません。失敗はむしろ勲章です。その経験によって、たましいはより強く、よりやさしく成長していけるのですから。

恋愛においても同じです。ふられて傷ついてもいい。笑われてもいい。人を愛した。それ自体がすばらしいこと。誰も愛さず、傷つかずにきた人より、何度も失恋して傷ついた人のほうが、ずっと人の気持ちがわかるやさしい人になれるでしょう。ですから、何も恐れず、恋はたくさんしてください。人を愛する、という経験をしてください。それこそが宝です。

【結婚についての「6つの手紙」】

結婚は、
たましいのチャレンジ。

恋愛が深まっていくと、私たちは自然と結婚を意識するようになるでしょう。大好きなあの人と結婚できたら、どんなに幸せだろう。そう願うことでしょう。けれど結婚は恋愛とは違います。結婚という共同生活は、お互いが切磋《せっさ》琢磨《たくま》して学びあう場、いわば「たましいを高めあう修行」です。決して甘いだけのものではありません。ですから、「喜び」「楽しみ」よりも、むしろ「悲しみ」や「怒り」が生じることのほうが多いかもしれません。

だからこそ、価値があるのです。自分ひとりでは決して学べなかったことを、結婚して「家族」をつくることによって学んでいく。さまざまな試練に耐えて、より強い「絆」を紡《つむ》いでいく。そんな大きなチャレンジ。それが結婚です。

喜びだけを期待してはいけません。深い悲しみ、強い怒りを感じながらも、それに翻弄されるのではなく、そこから学びましょう。

そんな努力と忍耐を続けた先には、必ず豊かな実りがあります。

昨日よりも今日、今日よりも明日、輝くあなたになれるのです。

パートナーは、
ともに学びあう《同志》です。

結婚式を挙げるあなたへの手紙

結婚生活の本当の意味を、きちんとわかっていますか？

結婚式の招待状をありがとう。

好きな人と結ばれて、周囲の祝福を浴びながら結婚式を挙げる。そんな大きな「喜び」をつかもうとしているあなたに、ちょっと辛口ですが、祝福の言葉を贈ります。

独身の人の多くは、「結婚」に憧れます。カウンセリングを行なっていたときも、「結婚したいんです」という相談をたくさん受けました。

けれど、実は結婚生活そのものは、甘くて幸せなだけではありません。夢を壊してしまうかもしれませんが、結婚生活とは、いわば「労働」です。

あなたが彼と交わす素敵な結婚指輪。それは、指輪の形をしたツルハシです。これからそのツルハシで、あなたは彼と砂金の埋まった山をコツコツと掘り進んでいくのです。その約束を交わす儀式が結婚式なのですよ。

山に埋まった砂金は一朝一夕では手にすることはできません。来る日も来る日も、汗水たらしてツルハシを振るわなくてはなりません。

「なぜこんな人と結婚したんだろう」と悔《く》やむときもあるでしょう。「ああ、もう今日こそは別れてやる」と思うときもあるでしょう。

けれど、そこをぐっと我慢して「明日こそは、砂金が出るはず」と思いながら、ツルハシを振るいつづける……。それが結婚生活です。パートナーとは、ともに労働をする「仲間」のこと。一緒に修行をする「同志」なのです。

「なんて味気ない」と思うかもしれませんね。けれど、そもそも結婚は、お互いのガーディアン・スピリットが、「現世において二人が一緒になれば、最高の学びができる」と判断して、はじめて成立するのです。

この相手ならお互いにふさわしい学びができる。スピリチュアル・ワールド（たましいのふるさと）でそう判断されないと、たとえ熱烈に恋愛したとしてもも、結婚にまで至ることはありません。

ですから結婚は、私たちがより豊かなたましいに成長するための学び、修行なのです。どんな高僧がしている修行にも負けない難行苦行。それが結婚生活だといっても過言ではありません。

山にこもって修行をするのは、体力勝負といった面もあります。実は、一番大変な修行は「里の行《ぎょう》」、つまり家庭を持ち、仕事をし、人間関係をこなしていく、私たちの日々の暮らしそのものなのです。

いわば結婚とは、たましいのチャレンジ。だからこそ、すばらしいのです。

あなたもまたチャレンジャーの一人です。あなたのたましいは、結婚というカリキュラムを選びました。つまり、一人では味わえない苦労をして、たましいの経験値を高めようと決意したのです。

武者震《ぶる》いがしてきましたか？　結婚式直前のあなたに、脅かすようなことを書いてごめんなさい。式場のキャンセルなんて、しないでくださいね。

それぐらいの覚悟を持って結婚に「挑んで」ほしい、ということです。

結婚式は、そんな二人の決意を神様に誓い、集まってくださった人々に報告する場。「この人が世界で一番好き」と思い、周囲のみんなに祝福される人生最良のときです。

これまで恋愛という感性のレッスンをくり返し、喜怒哀楽を味わってきたあなたが、また新たな喜怒哀楽にめぐりあうステージに立てたこと、心から祝福します。

今の幸せな気持ちを大切にしてください。

一日一日を二人で乗り越えていく。そこに喜びがあることを忘れないでください。

結婚式でのあなたの満面の笑顔が、目に浮かぶようです。

その写真を大切に飾っておきましょう。大丈夫。あなたは何があっても乗り越えていけます。その支えとなるのが、愛を誓いあうその日、そのときの二人の輝く笑顔なのです。

家族から結婚を反対されているあなたへの手紙

結婚前の障害は、あなたの覚悟を試すメッセージ

結婚を延期したそうですね。さぞがっかりしていることでしょう。なぜ私が相手の家族から結婚を反対されなければならないのか、という思いでいっぱいのことと思います。

でも、そういうトラブルが起きたときは、一度立ち止まってみたほうがいいのです。

恋愛は「あなたと私」という一対一の関係、二人だけですむ関係です。けれど結婚は、「二人対社会」。つまり、二対多の関係です。二人が向きあう最初の「多」とは、お互いの家族。それが乗り越えるべき最初の障害になることは、

よくあります。

あなたが今、結婚を反対されている。これは、そのことを通して、あなた自身の「人間としての力量」を客観的に見定めるべきときですよ、というメッセージだと考えてください。

これから先、どうするべきか。私がまずお伝えしたいのは「今こそ冷静に、目の前にある選択肢と、その道の先を見つめる必要がある」ということです。

反対を押し切って結婚するという選択とその先にある経験。

今はつらいけれど、相手と別れるという選択とその先にある経験。

どちらの経験が、あなたのたましいにとって、より大きな学びになるでしょうか。

「家族に猛反対されても、私は必ず幸せになれる」と思えるなら、二人の愛を貫けばいいと思います。結婚は、基本的には、二人の合意があればできるものです。誰にも頼らないで生きていく自立心があるなら、何の問題もありません。

ただし、そのときは親と縁を切ることになるかもしれない。そういう厳しい道を歩むことになるかもしれない、という覚悟だけは必要です。

もし「親は捨てられない」という思いが、二人のどちらかにあるなら、引き返すほうがいいと私は思います。

また、反対されている理由が「家柄が違う」「人柄が気に入らない」などということであれば、結婚後もつらい思いをするかもしれません。それに耐える覚悟がないなら、今引き返すほうがいいでしょう。

結婚したいし、家族ともうまくやっていきたい。

あなたがそんなふうに願う気持ちはわかります。

けれど、人には器《うつわ》というものがあります。器以上の「無理な背伸び」をしても、いい結果になることはまずありません。

反対されるということは、今、二人の間にある「無理」を見きわめるチャンスを与えてもらったようなもの。今こそ、あなたにできることと、できないことを、しっかり見きわめてください。同時に考えるべきポイントは、「相手にとっての幸せとは何か」ということです。

一度、相手の立場に立って考えてみましょう。

ご両親の反対を押し切ってでもあなたと結婚することが、相手にとっても幸せだ。そう思える自信があるなら、もう答えは出ています。迷うことなく結婚へと進みましょう。

けれど、ご両親と気まずくなったり、最悪の場合、絶縁状態になることは相手にとって大きなマイナスであり、幸せにつながらないかもしれない。そう思うなら、そのときは潔く身を引く。お互いによく話しあったうえで、そう決断するなら、それはお互いを思いあう愛、つまり大我の愛の実践です。

ここでいう「幸せ」とは、財産などの物質的なものではありません。その結婚が相手のためになるかどうか。それを冷静に見きわめましょう。あなたと相手の二人の「今」を分析し、「未来」を見通すのです。

つらいことかもしれませんが、大我の愛で判断すること。大我の愛で判断して選んだ道は、必ずお互いの幸せにたどり着くようになっているのです。

大我こそが、人を幸せにするからです。

自分のことだけを考えて道を選ぶと、その先は苦しいものとなるでしょう。

人生とは、そうやって学びながら、大我の道へと軌道修正していけるようになっているのです。

冷静に、大我の愛をもって、二人の未来を決めてください。

幸せになる人は、大切な決断を人にゆだねません。

あなた自身が、全力を尽くして出した決断なら大丈夫。その道は必ず幸せへと続いています。

パートナーとの価値観の違いに悩むあなたへの手紙

違う価値観だからこそ、二人が結婚する「意味」があるのです

あなたが結婚してもう何年になったでしょう。新婚時代は周囲があてられっぱなしの甘い雰囲気だった夫婦も、そろそろお互いの違いが目につきはじめた頃ではないでしょうか。

「私のことをまったく理解してくれません」

「何を考えているのか、わからなくなってきました」

「仕事ばかりで、家のことは何もしてくれないんです」

そんなふうに、相手への不満が募っているのではありませんか？　どんなに愛しあって結婚した二人でも、いつまでも順風満帆でいるのは、至難の業《わざ》です。

むしろ、結婚生活を通して、お互いの価値観の違いに気づくことのほうが自然です。そもそも、たとえ夫婦でもたましいは別。考え方も違って当然です。

あなたがパートナーとの違いに目を向けはじめているとしたら、ある意味、今が結婚生活の本当のスタートといえるかもしれません。これから二人の間にある「違い」を、互いに認めあい、尊重しあうための第一歩ともいえるのです。

まず、あなたに最初に考えてほしいのは、相手が「理解してくれない」のは、あなたのどの部分なのか、ということ。おそらく「すべて」ではないでしょう。仕事に対する考え方、子育てに対する考え方など、部分的な意見の違いではないでしょうか。

たとえば、「子どもをのびのび育てたい」というあなたに対して、早期英才教育をしたいと主張する夫。そんなときは、どちらの主張が正しいかではなく、お子さんの資質に目を向ければ解決します。大人があまり手出しをせずに、のびのび育てたほうが伸びる子ども。大人からいろいろな刺激を与えるほうが、いきいき活動できる子。個性はいろいろです。子どもをよく観察して、「何が本当にこの子のためになるのか」と考えれば、答えは自ずと出てきます。

ここでも重要なのは大我の愛です。

ただ、「子どものため」と言いながら、実は子どもの能力を自分の手柄のように思っている場合も多いので気をつけたいですね。それは自分がかわいいだけの小我です。

愛は目に見えません。そこで大切なのが、相手の考えをよく聞くということ。聞いたうえで、相手の思いの中にどれだけ愛があるか、あなたがどれだけ譲れるか、考えてみてください。

正しく見きわめるためにも、話をするときは、言葉には気をつけましょう。言葉の使い方ひとつで、相手を意固地にさせてしまうケースがよくあるのです。

ここに、考え方の違う事柄について人と話すときのポイントを書いておきますね。

一、感情的にならないこと

問題を解決したいときは、怒りや恨み、いらだちなどの感情はしまっておきましょう。あくまで冷静に話しあうことです。また、人が感情的になるのは、相手の言葉が図星だったとき。相手がカッとなって反論してきたら、図星だったということです。

二、一方通行で話をしないこと

自分の主張ばかりをまくしたてても、相手は聞く耳を持ちません。大切なのは、相手の考えを「聞こう」とする姿勢です。相手が今どういう気持ちでいるのか、どんな立場にいるのか、それをまず「聞く」こと。答えを出すのはそのあとです。

三、マナーを守ること

「今、話をしたいんだけど、いい?」という一言から始めましょう。相手が疲れているときに、いきなり難しい話題を振っても実りある会話はできません。また、「一時間ください」と話す時間を決め、時間がきたら「ありがとう」と切り上げることも大切です。他人行儀と思うかもしれませんが、家族だからこそマナーが必要なのです。

四、笑顔を忘れないこと

たとえば病院で注射を打つとき、看護師さんは「チクッとしますよ」と言いながら、やさしい音楽をＢＧＭに、ニコニコしながら打ちますね。ベートーベンの『運命』を流して、怖い顔で黙々と迫ってこられたら、誰でも逃げたくなるでしょう。それと同じで、「伝えたい」という思いがあるなら、柔和な笑顔とやさしい声を心がけましょう。

重要な話しあいはメールではなく、直接面と向かってするのが一番です。メールだと誤解が生じたり、冷静に書いたつもりでも、相手は「通告」と受けとって、ますます態度を硬化させたりする可能性もあるのです。

互いに向きあって話しあう。そこで生まれる笑顔こそ、二人の間のわだかまりをとかし、スムーズに思いを伝える特効薬になるのです。

家事・育児を分担しない夫に怒っているあなたへの手紙

夫婦の役割分担 ――ここを間違えてはいけません

仕事に育児に家事。一人で何役もこなして頑張っているのですね。

「まさかこんなに大変だとは思いませんでした」と悲鳴をあげたくなるのもわかります。

共働きを選んだときは、「もっと彼が家事・育児をしてくれると思っていた」とのこと。実際にやってみると、なかなか思いどおりにはいかないものです。

あなたと同じように嘆く女性の声をよく耳にします。

ただ、嘆く前に、一つ理解していただきたいことがあります。

それは男女の「特性」の違いです。

男女平等は基本理念として正しいことです。けれど実際には、性によって特性が違います。それはあなたも実感として理解できているのではないでしょうか。

たとえば、男性のほうが女性より力の強い人が多いし、女性のほうが男性より細やかな気配りが得意な人が多いでしょう。もちろん個人差はあるので、逆もあるでしょう。けれど、多くの場合、その傾向があてはまると思います。

また、子どもはどうしてもお母さんにべったりになるものですし、男性が子育て中だからといって就労時間を短くしてもらえる職場はまだ少数です。

家庭によってケースバイケースではありますが、夫婦がまったく同じように家事・育児を分担しようとすれば、無理が生じやすいものです。

それぞれが、得意分野で、自分のできることをする。そのほうが自然だと思いませんか？

「同じように働いてるのに、私ばかりが忙しい」と腹立たしく思う気持ちはよくわかります。でも、語弊があるかもしれませんが、女性はその忙しさに耐える力があるのです。基本的に、「男は弱くて、女は強い」からです。

美輪明宏さんもよくおっしゃっていることですが、女性はもともと男らしくて、男性はもともと女らしいのです。

つまり、男は元来弱いから、もっと強くあれ、ということで「男らしさ」という理想が掲げられ、女性は図太くてたくましいから、もっとやさしくあれ、ということで「女らしさ」という理想が掲げられたのです。

男らしさ、女らしさというのは、現実ではなく、理想なのです。

男は女らしいもの、女は男らしいもの。

そう思って周囲を見まわしてみてください。思いあたる人がたくさんいませんか。

さて、それを踏まえたうえで、あなたのパートナーとどう向きあうか。

まずは、彼の気持ちをよく「聞く」ことから始めてはどうですか？

彼は彼で「オレだって毎日大変なんだ」と思っているかもしれませんよ。

お互いに自分の大変さを相手に「わかってほしい」と思っている。それを口には出せないまま、ツノをつき合わせている。そんな状態では、毎日が息苦しいだけでしょう。

理解してほしいときは、まず相手を理解しようとするところから始めてください。

詰問口調ではなく、礼儀を守ってやさしい笑顔で話を聞きましょう。家族こそ、マナーが必要です。

お互いの気持ちが理解できたら、男女の特性を考えながら、できるところから歩み寄ってください。具体的なあなたの要望、「何を」「いつ」「どうやってほしいのか」ということもやんわり伝えてみましょう。そうすれば相手も素直に受け入れられるはずです。

そして、何かをしてもらったときは、それを当然と思わずに「ありがとう」と伝えること。これも大切なポイントです。

この「ありがとう」という言葉は、結婚という苦しい修行の中に、「喜び」を生み出す言霊なのです。

毎日の掃除や洗濯、炊事、子育て、そして会社での仕事。お互いが自分のためだけでなく、「家族のため」に力を尽くして働く。それが結婚生活です。

日々のお互いの労働に対して、やはりそのつど「ありがとう」と言いましょう。どんなに感謝の気持ちがあっても、黙っていては伝わりません。

彼が言ってくれないなら、まずあなたから言ってみてください。愛は必ず伝わるものです。

体にはくれぐれも気をつけて。笑顔の家族写真、楽しみに待っています。

「ありがとう」という言霊が、
幸運を呼ぶ。

結婚生活に喜びをもたらす「魔法の言葉」

先に、結婚とは「たましいを高めあう修行」と書きました。

だからといって、夢も希望もないわけではありません。一緒にツルハシを振るって得られる砂金は日々の喜びです。この小さな喜びが重なって大きな幸せとなるのです。

とはいえ、毎日が大変だということは覚悟しておきましょう。

そんな中で、お互いを思いやり、喜びを見つけていくためには、コツがあります。

いうなれば、結婚生活の中で、喜びを少しでも増やす魔法の言葉のようなもの。

それは「ありがとう」という言霊を使うことです。

夫から妻へ。妻から夫へ。感謝を伝える言葉。

毎日一緒にいますから、白髪の一本一本、シワの一つひとつまで見えます。

けれど、その白髪もシワも、ともに生きて苦労をしてきた証《あかし》。自分のためにいろいろ尽くしてくれた、その証でもあるのです。

毎日の炊事や洗濯。子育て。会社での労働。お互いが、自分のためだけでなく、お互いのために、力を尽くして働く。それが結婚生活です。

「二人でいることによって、喜びは二倍になり、悲しみは半分になります」

結婚式でよく使われるこの言葉は、実に名言です。まさに、そのとおりなのです。

そんな相手に対して感謝していても、思っているだけでは気持ちは伝わりません。喜びを二倍にしてくれたこと。悲しみを半分にしてくれたこと。そして日々のお互いの労働に対して、やはりそのつど「ありがとう」と言うべきです。

この言葉があれば、わだかまっていた気持ちがとけていきます。悪いことばかりじゃない。明日もまた頑張ろう。そう思えるようになるのです。

欧米では、夫婦間で、「愛している」とよく言います。そう言わないと、離婚になってしまいかねないからなのですが、この言葉もとても大切です。

日本人はシャイなので、面と向かって「愛している」と言いあう夫婦は少ないと思いますが、思っているだけではやはり伝わらないのです。

「いつも一緒にいるんだからわかって当たり前」と言う人もいます。

けれど一緒に生活しているといっても、四六時中愛していると思いつづけているわけではないでしょう。腹が立つこともあれば、悔《くや》しい思いをすること、一緒にいたくないと思うことさえあるかもしれません。

だからこそ、口に出して言わなくてはいけないのです。

欧米の人々も、実際に熱烈に愛しているから言っているわけではないでしょう。一つの儀式みたいなものです。けれど、その儀式があるから、「愛している」という気持ちをお互いに思い出すことができるのです。

自分はこの人の夫である（妻である）という事実を確認し、互いに「愛する努力」をしようと誓う儀式。それが「愛している」と言葉で伝えあうことなのです。

日本人がそのまま取り入れるのは難しいかもしれません。

けれど、「ありがとう」という言霊と、「愛している」という言霊が、結婚生活に「喜び」をもたらす魔法の言葉であることは、ぜひ心にとどめておいてください。

価値観が違って当たり前。
だからチャレンジする価値があるのです。

親離れできない夫にイライラしているあなたへの手紙

相手を変える一番の近道は、まず、あなたが変わることです

「そんなにお母さんが好きなら、お母さんと結婚すれば！」なんて、あなたらしくない言い方をしてしまったそうですね。何があったのですか？

家を買うための資金をあなたに黙って実家から借りようとしていたのですか？ それとも、あなたに何の相談もなく、自分の親と同居の話でもしていたのでしょうか？

あなたの旦那さんのように、結婚して独立しているのに何でも実家頼みというう人が今とても増えていますよね。子どもの面倒を実家の両親にお願いしてばかり、といった話もよく耳にします。

人に頼らず、自分で考えて、問題を解決する力。

それは、生きていくうえでとても大切な力です。けれど、今の日本の教育では、その力はなかなか育ちません。成績や学歴、就職先の会社の名前、肩書き、給与。そういう目に見えるものだけが教育や子育ての「成果」として評価されてきたからです。

そのため、親の言うことに従順で、テストでいい成績をとれれば「いい子」とみなされてきたし、そうなるように教育されてきた人が大多数です。

その結果、親の言うとおりにしか動けない、トラブルがあれば家に帰って親に泣きつく——そういう大人になりきれない大人が増えてしまったのでしょう。

親のほうもまた、子どもが自立するより、自分の言うことをよく聞く「いい子」のままでいてほしい。自分から離したくないのです。特に、子育て一辺倒で生きてきた人ほど、その気持ちは強いようです。お姑《しゅうとめ》さんからすれば、かわいいわが子をまるで〝恋人〟のように思ってしまうのでしょうね。

子どもにとっては、ますます「自立」が難しい課題になっているわけです。

結婚とは、互いの家族から独立して自立すること。ですから、極端にいえば、結婚そのものが難しくなってきているのだと思います。

結婚すれば、基本は夫婦です。子どもや親は、そのユニットの外にあるべきです。

たとえば、子どもを産み、育てるといった大きな営みから、親戚や近所とのつきあい、日々の暮らしの小さなことまで、二人で話しあい、心を合わせて決める。それこそが結婚した意味であり、その積み重ねの中でこそ二人の絆は強まります。

たとえば、家を買うために実家に資金を借りるにしろ、親との同居という形態を選ぶにしろ、あくまで二人で話しあって出した「結論」でなくてはいけません。

それができないのは、実家からまだ自立できていない、依存している、ということです。

あなたのパートナーがことあるごとに実家に相談にいくのなら、精神的に実家に依存しているのでしょう。資金を借りようとしているなら経済的にも依存しているといえます。

厳しい状況だとは思いますが、まずあなた自身が「変わる」と決心してください。

実家の親よりも、あなたのほうが相談しがいがある。相手にそう思わせるくらいに、精神的に強くなってほしいのです。そのためには、彼に頼りたい、依存したいと思う気持ちを、まずあなた自身が捨てましょう。

家のことについても、任せっぱなしにせず、あなたが自分できちんと調べてください。候補地や価格帯、ローンを組んだときの月々の返済額など、具体的な数字を挙げて説明できるくらいになりましょう。同居についても、メリット、デメリットをきちんと考えて、あなたなりの意見を冷静に伝える必要があります。

経済的に親に依存している場合、そこから抜け出すのは大変かもしれません。それでも努力する価値はあると私は思います。確かに生活は苦しくなるでしょう。けれど、親に頼っているかぎり、ことあるごとに口出しされても文句は言えません。たとえ贅沢な暮らしができても、そのために束縛されては、楽しくないはずです。

あなたの人生の主人公はあなたです。

そして彼のパートナーは、あなたであり、実家の両親ではないのです。

その点を、感情的にならず、「理性的」に伝えましょう。そして、くれぐれも相手の実家の悪口にはならないよう気をつけて。どんな親であれ、彼を慈しみ育ててきた人たちであることに変わりはありません。その愛まで否定してはいけません。

これはあなたにとって大きな挑戦です。

「自立」というテーマに挑むあなたのたましいが成長しないはずがありません。

ゆっくりと、そして豊かに成熟していきましょう。

パートナーの浮気を知ったあなたへの手紙

まず見つめ直すべきは、自分の気持ちです。「あなたがどうしたいか」を考えてください

パートナーの携帯メールを見てしまって後悔しているのでしょうか？見てしまったばかりに、パートナーの浮気がわかってしまったそうですね。戸惑い、混乱もしているでしょう。しかし今は何よりも、あなたが、「これからどうしたいのか」を考えるときです。

浮気の事実を知ったなら、黙って見過ごすことはできないでしょう。黙って耐える、ということはお勧めしたくありません。それはいい結果につながらないからです。

こういう場合は、事実を明白にするしかないのです。万が一、喧嘩になった

としても、上手にしてください。そのためには、あなたが先に「結論」を出しておくことが必要です。

ショックを受けると、取り乱してしまい、自分の「本音」と、「本音でない部分」が錯綜しがちです。すると、相手を追いつめ、逆切れさせることになりかねません。その結果、不本意な別れ方をして、恨みが募ることになりやすいのです。

感情任せに行動するのはやめましょう。

まずお勧めしたいのは、家を出ることです。といっても、本格的な家出ではありません。一泊か二泊、少し贅沢な旅行をしましょう。

パートナーには、「浮気していること、わかったからね」とだけ宣言してください。

相手は「浮気がバレた。怒ってくるだろう」と身構えていたところ、肩透《す》かしをくらって、気持ちが落ち着きません。不安だし、怖くもなるはずです。

あなたのほうは、旅先でじっくりと内観してください。あなた自身、これからどうしたいのか、それをまず自分自身で確認することです。

許せるのか、許せないのか。相手への愛情はあるのか、なくなったのか。「許せない」「もう愛はない」という結論が出たなら、別れる準備を始めましょう。黙々と家事をしながらも、一方では自活していく術《すべ》を見つけ、すべてを整えて、相手に別れを切り出す。それくらい強くなりましょう。「まだ愛している」「許すしかない」という結論が出た場合は、心から許せるためのシナリオをつくりましょう。

心から許すためには、相手に心から謝ってもらう必要があります。そういうときは、ビジネスライクにいくのが鉄則です。「今回のことは『貸し』にしておきます。そのかわり、預金通帳の名義は私に書きかえておきますからね」などという交渉の仕方が、とても効果があるのです。

そして、断を下し、交渉の行方を決めるのは、あくまであなたです。ただもし相手が「浮気じゃない。本気なんだ」と言いだしたなら、選択肢は一つになります。潔く別れるほうがいいでしょう。

男性の浮気は、遊びと同じ感覚ですから、ほとんどの場合、妻のところに戻ってきます。今まで数多くの相談を受けてきた経験から断言できます。

けれどレアケースとはいえ、「浮気」ではなく「本気」であることもなくはありません。万一、相手が本気なら、潔く別れるほうがあなたのためだと思いますよ。恨みや憎しみを募らせて、話を長引かせても、つらくなる一方でしょう。

もし、客観的に考えて、相手が誤った道に行こうとしているとしても、あなたに大我の愛があるなら、好きな道に行かせてあげましょう。「かわいい子には旅をさせろ」といいますが、パートナーに対しても同じ。本人が転んでしまったとしても、そこから真実に気づければ、それも相手にとって貴重な経験です。

あとは、どう責任をとらせるか。それを考えるほうが、建設的です。

今はまだ結論は出ないことでしょう。別れる、別れない、どちらに転んでも大丈夫という準備が、あなたにはできていると思うので、ゆっくりと考えてください。

もし、別れればたちまち生活に困ってしまう状態なら、選択肢はもっと限られてきます。

その場合は、今から資格をとる勉強をするなどして、努力するしかありません。一人で生きていける経済力も必要です。悲しい思いをしないためには、相手に依存しない「日頃の準備」が何より大切です。

自分の幸せは、誰にも頼らず自分でつくる。

結婚しても、そういう強さを持っている人こそが、幸せになれます。

あなたの強さを、今こそ発揮してください。

努力と忍耐の先に、
強い《絆》が生まれます。

独身の楽しみ、結婚してからの楽しみ

この章の冒頭で、独身の人の多くは結婚に憧れると書きました。

しかし、実は結婚するよりも独身のほうがラクで幸せな面もあるのです。

ある女性のお母様が、結婚されるお嬢さんに向かって「私があなたみたいに仕事があって収入もあれば、結婚なんて面倒くさいことはしないけどね」と、おっしゃったそうですが、なるほどうなずける言葉だと思いました。

やりがいのある仕事を持っていてある程度の収入があり、心を許せる友がいて、恋人もいる。自分の好きなときに好きなところへ行けて、何にお金を使っても誰に文句を言われることもない……。

本当にやりたいことをやるには、独身のほうがいいというのは一理あります。

それでもなお結婚を選んだということは、その人のたましいが結婚というカリキュラムを選んだということ。つまり、一人では味わえない苦労をして、たましいの経験値を高める決意をしたということです。もちろん、最初からそう思って結婚する人はいないでしょう。

結婚に至るまでの恋愛のときめきは、結婚したあとの苦労から目をそらすための、スピリチュアル・ワールド（たましいのふるさと）のうまい計らいです。そのときめきがないと、誰も結婚しなくなってしまうでしょう。

でも、ときめきつづけることはできません。現実が待っています。苦しい「労働」の日々が待っているのです。

そういう結婚の現実を踏まえたうえで、どうやって「楽しみ」を見つけるか。

これはもう、自分で「つくって」いくしかありません。「演出する」といってもいいでしょう。

たとえば、結婚記念日や誕生日などのアニバーサリーを大切にしたり、あるいは、喧嘩することそのものも「楽しみ」に変えてしまうくらいの知恵も必要です。

そして何より効果的なのは、共通の「目標」や「夢」を持つことです。

二人で商売をしている夫婦などは、「店を大きくする」という目標を持ちやすいでしょう。あるいは、「マイホームを手に入れる」という目標でもかまいません。

「子はかすがい」という言葉がありますが、同様に「夢はかすがい」なのです。

たとえ楽しいばかりの毎日ではなくても、自分で選んだその人と、どうやって幸せになっていくか——それを考えましょう。

子どもや夢をかすがいにして、「労働」の日々を続けていく。

楽しさを自分で演出しながら、ともに苦労を乗り越えていく。そうしているうちに、必ず宝物が手に入ります。

それは強い、確かな「絆」という名の宝物です。

【子育てについての「6つの手紙」】

育児は、最高の「自分育て」。

子どもは、親のものではありません。

天からの預かりものです。親はただ、育てさせてもらっているだけ。いうなれば、子育てとは「ボランティア」なのです。

このボランティアは、なまやさしいものではありません。悩みもすれば、苦しみもするでしょう。喜び、楽しみはもちろんありますが、怒りや悲しみを感じることも多いでしょう。その一つひとつを通して、私たちのたましいは大きく成長します。

子どもを育てる、ということは、愛を学ぶということ。

それも見返りを期待しない本当の愛、無償の愛を学ぶということなのです。

苦労をして子どもを育てても、子どもはいつか離れていきます。自立していきます。それでいいのです。そこで見返りを求めると、愛ではなくなってしまいます。

真実の愛を学ばせてくれる人。それが「子ども」という存在です。

一人の大人として、子どもの心に寄り添い、ともに歩んでください。ともに成長してください。それこそが、子育ての「喜び」です。

愛の電池を
いっぱいにしていますか？

つい子どもを叩いてしまうあなたへの手紙

愛のある行為なら、必ず伝わります。親の覚悟を子どもは見ています

「おもちゃを片づけなさい」と言えば、「やだ」。

「テレビを消しなさい」と言えば、「やだ」。

ご飯を食べなさい、宿題をしなさい、お友だちと仲よく……。全部、やだやだやだっ！

待ち焦《こ》がれて授かったかわいいわが子でも、こうなってくると大変ですね。イライラが高じて、ついピシャッ！　あとで「また叩いてしまった」と落ち込み、自分も泣きたくなってしまうとのこと。そんなお母さんは多いと思いますよ。

子どもを「叱る」というのはとても難しい行為です。

私はよく子どもを「叱る」のと、子どもに「あたる」のは違うと言っていますよね。

「叱る」とは、親が冷静に判断して、子どもがよくないことをしたときに、その行動を言葉や態度で制止すること。「あたる」とは、親が冷静さを失い、感情に任せて、子どもに怒りをぶつけることです。

子どもに「善悪」の区別を教えるために、お尻を軽く叩く。子どもへの愛が動機にあるなら、これは許される範囲でしょう。けれど、「つい」叩いてしまうという場合、それは冷静さを失っているということ。

あなたが自分の怒りに振りまわされている、ということです。

これは絶対によくありません。子どもとの信頼関係を打ち砕いてしまいます。

あなたは、子どもにどうなってほしいのでしょう。

どんな困難にもくじけない子、強く、やさしい子に育ってほしい。

そう思っているのではありませんか？

その気持ちを子どもに伝えるには、あなた自身が手本を見せる必要があります。

もしあなたが感情に振りまわされてしまったら、子どもはどう思うでしょう。「カッとなったら、何をしてもいいんだ」と受けとってしまうかもしれません。それは本来あなたが望むことではないでしょう。

子どもと日々接していて、常に冷静でいるのは、とても難しいこと。それはよくわかります。だから子育ては大変なのです。

もし感情的になって怒ってしまったら、素直に反省して子どもに謝りましょう。くれぐれも「子どもなんて簡単に騙せる」「子どもだからすぐに忘れる」などと考えないでください。子どもは言葉にできなくても、多くのことを鋭く深く理解しています。

子どもの目に、あなたがどう映っているか、想像してください。

言うことを聞かなかったからという理由で、カッとなって自分より力の弱い子どもを叩く。相手が子どもだからという理由で、謝りもしない。あなたは子どもを叩く資格があるほど完璧な人間ですか？

厳しく聞こえるかもしれません。けれど今、客観的にありのままのあなたの姿を見つめ、謙虚さを取り戻すことが何より必要だと私は思います。

子どもは「言うことを聞いて当然」の相手ではありません。子どもとは、人間対人間として、信頼関係を築いていかなくてはいけないのです。

前にも一度お話ししたことがあったでしょうか？　わが家の長男は幼い頃、外出すると、自分の興味のあるところへどんどん行ってしまう子でした。困り果てた私たち夫婦は、あるときデパートでわざと迷子にさせることにしたのです。もちろん隠れて様子をうかがっていたのですが、子どもは焦って必死に私たちを探していました。それで懲《こ》りたのでしょう。以来、外出先で勝手に行動することがぴたりとなくなりました。

子どもに何かを教えるためには、親もそれなりの覚悟をし、知恵を働かせ、全身で伝えていかなくてはいけません。叩いてすむような単純なことではないのです。

親子といえども、たましいは別です。その性質が違うと、お互いを理解できないことも多いので、ますます大変でしょう。

けれど幼い時期は少しの間だけのこと。大きくなると、関係もまた変わってきます。手間がかからなくなるぶん、自分とは違う子どもの性質を「おもしろい」と思えるようになったりもします。友だち感覚ができてくるのです。今のわが家がまさにそうです。

それまでは知恵を働かせ、忍耐力を駆使して、お子さんと向きあってみてください。

そして、できるだけ外に出ましょう。家に二人で閉じこもっているとストレスもたまりやすくなります。子育ての相談窓口もいろいろありますから、気軽に利用してみてもいいでしょう。

ただし、子どもの心と向きあい、子どもとともに育っていくのは、学者の先生でもカウンセラーでもなく、親であるあなたです。あなたしかいないのです。

大変ですが、すばらしいたましいの「絆」を結んでくれます。その絆をしっかりつなぎ、お互いのたましいを磨いていってください。

ママ友だちとのつきあいが憂鬱なあなたへの手紙

もっと「自分の世界」を広げませんか？ お母さんが楽しむ姿は、子どもの世界観を広げます！

お子さん、ずいぶん成長されたみたいですね。

でも、あなたがいわゆる「ママ友だち」とのつきあいで大変な様子も伝わってきました。けれど、そういうおつきあいで悩むのは、せいぜい幼稚園に通う間までのこと。小学校に通う頃には免疫もついて、何があっても動じなくなるものですよ。

けれど、確かに幼稚園時代は、母親にとって人間関係の修行時代、訓練の時代かもしれませんね。「ママ友だち」とのつきあいは、お互いの情報交換ができて、有意義なものになる場合もありますが、同時に閉鎖的な側面もありますよね。周辺地域限定、子どもは同じ年頃限定です。少しでも違和感のある人を排除する傾向が出てくるでしょうし、ときにはいじめが生じるケースもありま す。子ども同士を比較されて嫌な思いをすることもあるでしょう。

基本的に、ママ友だちとは心の距離を保ってつきあう。これが鉄則です。ママ友だちとは、子どもの友だちの親です。あなたの友人ではありませんよね。ママ友だちを自分自身の人間関係にしてしまうと、トラブルが生じやすくなります。

子ども同士は友だちかもしれませんが、親は価値観も生き方も趣味も違います。無理して友人関係になろうとすると、ひずみが出てきます。

友人関係を求めるのなら、学生時代の友人、趣味の場で知りあった人など、価値観の合う人と。そこでは心の通うつきあいができるはずです。

公園や幼稚園のお迎えの場は、いわば社交場です。心に鎧《よろい》をつけて「如才なく」振る舞うことが必要なのです。デパートの店員になったつもりで、いつもニコニコしていましょう。

そして、よけいなことは一切言わないこと。特に、悪口などが始まったら注意が必要です。「そうねえ」と相づちを打っただけでも、「あの人もそう言っていたわよ」ということになりかねませんから……。

ママ友だちとのつきあいに関しては、あまり真剣に考えすぎないことも大事です。

あなたのお子さんは、これから成長して学校に入り、難しい人間関係を学んでいきます。これからも数えきれない人と出会い、さまざまな思いを体験するでしょう。

幼いからといって無菌状態で過ごすよりも、「人と人との関係にはいろんなことがある」ということを知っておくのもまた必要なことです。

それくらい大らかに考えて、一つひとつの出来事に一喜一憂せず、さらりと流していきましょう。

今あなたがいるその集団がすべてではありません。たとえば、ダンスや水泳など、何か習いごとを始めてもいいでしょう。

狭い世界の中にいると、誰でも窮屈に感じてしまうものです。

あなたと心が通いあう楽しい人、やさしい人は、どこにでもいます。

あなたが自分の世界を楽しんでいる姿を見せることは、お子さんに「世界は広い」ということを見せることでもあります。あなたが感じた世界の広さ、楽しさ、すばらしさを、お子さんにもぜひ伝えてあげてください。

子どもは親を選んで
生まれてくるのです。

子育ての苦労は「喜びの種」

『江原啓之のスピリチュアル子育て』（三笠書房《王様文庫》）でも書きましたが、子どもは親を選んで生まれてきます。まずは子どもとの出会いに感謝し、そして自信を持ってください。

私たちが「親」でいられるのは、せいぜい子どもが十五歳になるくらいまでのこと。あとは子どもが社会に羽ばたいていくためのサポート役に変わります。

それまでの間、子どもに何を、どれだけ与えてあげられるでしょう。

物質的に贅沢をさせることに意味があるわけではありません。

人間としての力を、どれだけ子どもに伝えていけるか。

子どもがいれば、四季の行事にも敏感になるでしょう。自然とは何か、命とは何か、地球に生きるとはどういうことか。子どもとともに考えることで、自分ひとりでは気づかなかったことにも気づくはずです。

食事についても、子どもがいれば、食べるものの質にこだわるようになるし、自分の子どもだけでなく、世界中の子どもの食糧事情にも思いを馳《は》せるようになるかもしれません。そんなふうに、子どもを育てることで、感性が変化していくのです。

自分が今まで経験し、考えてきたことにプラスして、さらに自分を超えた感性へとバトンをつないでいける。自分を超えて、成長していく子どもの姿、やがて自分のもとから離れて、自分の力で強く生きていく子どもの姿を見ることができる。

それこそが、何よりの「喜び」ではないでしょうか。

また、親が子どもを育て成長させるだけでなく、子どもも親を育ててくれます。子どもがさまざまな無理難題を与えながら、親として成長させてくれるのです。

たとえば、優等生として育って、人に頭を下げたことなどない人が、子どもがやんちゃ坊主で、しょっちゅう人に謝らなくてはいけなかったりするケースがあります。「どうして、うちの子はこうなのだろう……」と悩むでしょう。けれど、そういう子どもを授かったことで、「人に頭を下げるとは、こういうことか」と理解できます。

優等生にはなれない子どもの気持ちを、必死で考えるようにもなるでしょう。

それまでの人生では経験できなかったことを、子どもによって経験させられて、さまざまな気づきを得るのです。子育てをしていると、ハラハラしたり、イライラしたりすることの連続かもしれません。けれど、そのぶん、たましいは成長しています。自分の未熟さをいつも指摘してくれる。それが子どもという存在です。

子どもが突きつけてくる無理難題こそ、実は子育ての醍醐味です。それを乗り越えたときに、親子ともにすばらしく成長するのです。

何の苦労もない子育てはありません。

でも、その苦労こそが「喜び」の種だと考えてみてください。

それを「喜び」と実感できるまで、時間は少しかかるかもしれませんが、子どもは日々、変わっていきます。

また、子育てに対して不安になる人もいるかと思いますが、最初から親としての自信がある人などいません。

焦らなくてもいいのです。やがて必ず、「ああ、あんなことがあって苦労したな」と振り返ることができるようになるでしょう。そしてお互いの成長をしみじみと実感できます。そのときはじめて大きな「喜び」の花が咲くのです。

うまくいくことには、意味があります。
うまくいかないことにも、意味があるのです。

子どもが人をいじめていると知ったあなたへの手紙

問題が起きた今が大切です——あなたはきちんと〝愛〟を伝えていますか？

お子さんのことで学校に呼ばれたと聞きました。

大丈夫だったでしょうか？　自分の子どもが友だちをいじめているなんて、ショックだったことと思います。

でも今、それに気づけただけでも、よかったといえるかもしれません。いじめにしろ、その他の問題行動にしろ、すべては子どもからのS・O・Sです。

そのS・O・Sをキャッチできたのですから。

『幸運を引きよせるスピリチュアル・ブック』にも書きましたが、人は、愛の電池が切れると誤作動を起こします。

いじめや万引き、援助交際などの問題行動は、ある意味で愛の電池切れによる誤作動ともいえるのです。

いじめをキャッチできた今こそ、あなたとお子さんとの間にある愛、そして絆を見つめ直してください。

現実を見つめるのは、つらい作業かもしれません。けれど、幸せな子は、意地悪をしないものです。あなたのお子さんは、今どこかで満たされていなかったり、幸せを感じられていない状態ではありませんか？

あなたのお子さんがなぜ幸せを感じられないのか、親として、まずその点を冷静に考えてみましょう。

いじめている子は、別の場面では、別の〝何か〟にいじめられているものなのです。

親からの「ああしろ、こうしろ」という指図に息が詰まりそうになっていたり、逆に家族からかまってもらえず、さびしい思いを抱えていたり……。

たとえば万引きにしても、ただモノが欲しくて盗《と》っているわけではないように思えるのです。

子どもも口では「欲しかっただけだ」と言うかもしれません。けれど、「盗ってはいけない」こと、「盗れば見つかって叱られる」ことは、理性ではわかっているはず。なのに、その理性を失わせてしまう何かが、子どもの心にあるのです。

子どもは、もっと愛してほしいのです。

自分をしっかり見つめてほしいのです。

その愛が得られないために、別のものへと欲求を向けているのでしょう。子どもは正直ですから、悲しい思いは、すぐに別の形になって表に出てきます。

問題行動は、「ぼくを見て」「私の思いに気づいて」という心の叫びなのです。どうかその叫びに耳を傾けてください。現象だけを罰しても何も解決しません。

そして、本当の意味での「プライド」を持たせてあげてください。

プライドとは、気位《きぐらい》の高さや、傲慢《ごうまん》さではありません。

自らに与えられた愛を守る力、それがプライドです。

これまで自分を愛してくれた人たちを傷つけることは許さない。そういう思い、そういう強い力を発揮するのが、プライドです。

自分がこういうことをすれば、自分を愛してくれている人が傷つく。だからしない。

そう思える力を、お子さんにつけてあげてください。

そのためにも、もう一度、親子の絆を結び直しましょう。

問題行動に気づいた今が大切です。どれだけ愛しているか、今こそ口に出して伝えてください。言葉にして、行動にして伝えないと、愛は伝わらないのです。

もちろん、今までもあなたは会話を心がけてきたことでしょう。けれど、本当に大切なことが伝わっていたかどうか。その点を振り返ってみてください。

ただ、いきなり相手の心に踏み込まないよう、その点は気をつけて。あなたの中に「早く安心したい」という気持ちがあると、それはお子さんにも伝わります。

大切なのは、お子さんの幸せだけを願うこと。そして、その心に「寄り添う」ことです。今、どういう気持ちでいるのか、それを心で感じとりながら、そっとそばにいてあげてください。

たとえば、一緒にテレビを見る。一緒に買い物にいく。それだけでもいいのです。そういうなにげない時間を大切にしましょう。

あらためて問い詰められると、黙ってしまう子どもでも、ゆったりとした時間の中でなら、「実はね……」と、心の中に秘めていた思いを話してくれると思います。

一見、無駄なように見えるのんびりとした時間。その時間こそが、子どもの心をやさしくとかしていくのです。

子どもの引きこもりに悩むあなたへの手紙

黙々と将来の作戦を練っている子、傷ついて外に出られない子。あなたの子はどのタイプ？

「子どもが部屋から出てこないんです」とのこと。あなたと同じ相談を、私は何度も受けてきました。「引きこもり」という現象には二種類あって、なかにはただ家にいるのが好き、というだけのお子さんもいます。

民話の『三年寝太郎』ではありませんが、引きこもる時間の中で将来の計画を練《ね》っているタイプで、時が来れば外に出ていくようになります。そんなふうに、子どもにも個性はいろいろありますが、登校拒否にまでなっているとすれば、やはり問題です。

相談を受けてよく思ったのは、ご両親がお子さんのことを話すときの口調が、どこか「他人事」のようだな、ということでした。

そして、「この問題は、カウンセラーであるあなたが解決してくださいね」という姿勢さえみてとれたのです。

もちろん、相談に来るのは、真剣に悩んでおられるからこそでしょう。誰かに相談する、ということは悪いことではありません。けれど、子どもの問題をいわゆる「専門家」に丸投げしても、決して解決には至らないのです。

子どもの問題は、親自身の力で解決するしかないと思いませんか?

他人に任せてしまうと、子どもが「親に見放された」と感じて、ますます問題を悪化させることになりかねないからです。

まずは、親であるあなた自身に、「私の人生のすべてをかけてでも、私の力で立ち直らせる」という、それくらいの意気込みを持っていただきたいのです。

ある日突然、偶発的に、子どもが引きこもるということはまずありません。それまでに、何らかのサインを出していたはずです。心の変化があったはずなのです。

家から外に出られない、ということは、外の世界で深く傷つくことがあったのかもしれません。何か思いあたることはありませんか？

傷つくこと自体は、悪いことではありません。傷つくからこそ、学べるのです。そして、傷ついても、愛されていれば、立ち直れます。家族や友人の支えがあれば、人は立ち直れるのです。

あなたのお子さんは、一人ぼっちで傷ついていませんか？

だとしたら、親であるあなたの愛こそが、今、必要です。

子どもが何に傷ついたのか。どうすれば立ち直ることができるのか。

それがわかるのは、親であるあなたです。何もしないで、ただ自然に出てくるのを待つという人も多いのですが、それでは状況は変わりません。

だからといって、強引に心の扉を開けようとするのは逆効果です。

必要なのは、子どもの心に冷静に寄り添い、誰よりも温かい愛を注《そそ》ぐこと。

いきなり核心をついた話をするのではなく、さりげない会話を続けながら、子どもの心が今どういう状態にあるのか、冷静に見つめてください。

また、お子さんとの間にウソがないかどうかも、振り返ってみましょう。子どもと約束したことは、「つい忙しくて」という理由で、後回しにしてしまいがちですが、そういうことの積み重ねが、大人に対する不信感につながり、引きこもりの引き金になっているケースもあるのです。

たとえば「遊園地に連れていく」と言ったなら、連れていく。もし、急な用事が入っていけなくなったなら、その理由をきちんと話し、次の休みには必ず行くようにする。そういう誠実な態度で向きあえば、子どもは「自分は大切にされている」「愛されている」という実感が持てると思うのです。

ただし、何でも子どもの言うとおりにすればいい、というわけでは決してありません。相手の言うなりになることと本当の愛とはまったくの別物です。

本当に相手のためになることを、する、言う、思う。

それが本当の愛＝大我の愛です。そして、親の愛こそ、大我の愛であるべきです。

時間はかかるかもしれません。けれど、努力を続けていれば、やがてお子さん自身の口から、自分が何に傷ついてきたのか聞ける日が来るでしょう。たとえ言葉として出てこなくても、注がれた愛が心にたまれば、自然に外に出る力がよみがえってくるはずです。その道のりは決してラクなものではないでしょう。多くの葛藤があると思います。けれど、その中で、あなた自身にも見えてくることがあるはずです。

親として、人として、「愛する能力」を高める。それこそが問題を解決する鍵なのです。

「子どもを愛する」とは、どういうことなのか。

それを心に問いつづけながら、苦しんでいるお子さんの心に、そっと寄り添ってあげてください。

不妊治療を続けているあなたへの手紙

子どもが欲しい、その気持ちと努力は、すでに「たましいのボランティア」です

あなたが不妊治療を始めたと報告があってからもう何年になるでしょうか。これまで頑張りつづけてきたあなたの「疲れました」という一言が、重く私の胸に響きました。

「不妊治療の痛みは陣痛よりつらい」と言う人もいます。それでも痛みに耐えてわが子を抱きたいと思っているのに、何度も挑戦しては失望することのくり返し。生まれ出ることがかなわなかった小さな命に心を痛めてきたことでしょう。そのうえ、莫大な費用もかかったことでしょう。あなたは、そんな治療に挑戦しつづけてきたのです。私もあなたの挑戦に心からの拍手を送ります。

私はよく「子どもを育てるのはボランティア」とお話ししていますが、それは、実際に子どもが生まれるかどうかではありません。できる範囲の中で治療を受けたり、不妊治療を続けたりする。それも、スピリチュアルな視点で見れば、すばらしいボランティアです。

新しいたましいをこの世に迎え入れるお手伝いをする。「見返り」を期待せず、ただ自分がしたいからする。つまり「無償の愛」なのです。だから、すばらしいのです。

子どもがこの世に生まれ出たかどうかは問題ではありません。

でも、あなたが「疲れた」と感じているのなら、無理をする必要はないと思います。

「子どもを授かれば、私は幸せになれる」

「子どもを産めないのは、女性として失格……」

そう思う気持ちもわからなくはありませんが、子どもがいれば幸せで、いないと不幸というのは、単純な考え方のように思います。子どもは〝モノ〟ではないのです。

なかには、子どもがいないから離婚になった、というケースもあるかもしれませんが、それも不幸とは限りません。欲しいものが一つ欠けたら放り出すような相手なら、子どもの有無にかかわらず、ともに歩める人ではないでしょう。それを知らせてもらったということ。もっといいパートナーを探すチャンスができたのです。

「なぜほかの人は子どもを持てるのに、私は持てないの？」と悩むのはわかります。けれど、子どもは持ち物ではないし、そもそも人と比べることでもありません。

私たちは、それぞれ現世で何を学ぶか、そのカリキュラムを決めて生まれてきます。

何を学ぶかは人それぞれ。千差万別なのです。

「子どもは親を選んで生まれてくる」と『江原啓之のスピリチュアル子育て』に書きました。その言葉を聞いて「じゃあ、私は選ばれなかったんですね」と悲しむ人がいますが、それは誤解です。決して間違えないでください。

あなたが人間としてダメだから選ばれなかったのではありません。「別の学びがある」ということなのです。

あなたの周囲をよく観察してみましょう。

たとえば、子どもがいないご夫婦の場合、妻にとって夫が「子ども」である場合があります。「しょうがない人ね」と言いながら、あれこれ世話を焼き、仕事の成果や人としての成長を楽しみに見守る。これは妻というより母親の仕事です。

同じように、キャリアを積んだ人なら部下が、クリエイティブな仕事をしている人なら作品が、学校の先生にとっては生徒が、芸事の師匠にとってはお弟子さんが、「子ども」。そういえるのではないでしょうか。

どんな形であれ、みんな「子ども」を授かっているのです。

お腹から生まれたベビーだけが子どもではありません。血のつながった子どもでなくては嫌だ、子どものいる人がうらやましい……そんな考えに縛られていると、あなたに授かった「子ども」の姿が見えなくなってしまいます。

養子という形でめぐりあう子どもも、たましいの目で見れば間違いなく「親子」です。必然があって出会い、縁があるから絆が結ばれたのです。

動物を飼ったことがある人ならわかると思いますが、血がつながっていなくても、自分が産んだ子でなくてもかわいいものでしょう？　人と動物を比べるなんて……と思う人もいるかもしれませんが、その気持ち自体が残念ながら小我です。その心に母性（父性）があれば、どんな命であっても、「子ども」同様に愛することはできるはずです。

うまくいくことには意味があります。うまくいかないことにも意味があるのです。

時間はかかるかもしれません。けれど、必ずその意味は見つかります。あなたの愛する「子ども」の存在に気づくときが必ず来るでしょう。

そのときまで、焦らず、じっくりと、自分の心と対話を続けてみてください。

子どもを流産したあなたへの手紙

受精の瞬間にたましいは宿るもの。短くてもあなたは〝親〟になったのです

喜びのあとに来る悲しみほど、つらいものはありません。

あなたが大喜びで妊娠の報告をしてくれたのは、つい先月のこと。それなのに、今は悲しみの中にいるあなたに、かける言葉がなかなか見つかりません。

どんなに医療技術が進んでも、お産はやはり母子ともに命がけの行為なのですね。

あなたの小さな赤ちゃんは、身をもって命の尊さを私たちに教えてくれたのです。そう思うと、そのけなげさに、私も涙があふれます。

たとえ今回は生まれることがかなわなかったとしても、お腹に宿ったときか

ら、一つの「命」です。昔の数え年は、生まれたときに一歳と数えますが、それはお腹の中にいるときから年を数えはじめているからです。スピリチュアルな視点からも、正しい数え方といえるでしょう。

この世に出ることはなくても、あなたの子どもであることに違いはありません。スピリチュアルな世界に帰り、いつかまた母であるあなたと出会う日が必ず来ます。

「生まれてもいない赤ちゃんなのに、私のことがわかりますか？」と聞く人もいますが、必ずわかります。不思議なのですが、「ああ、お母さんだ、懐かしい」と笑顔で飛びついてきてくれます。あなたもすぐに「私の子だ」とわかります。

その日を楽しみに待ちましょう。わが子を胸に抱く日が、少し先に延びたのです。

そのとき胸を張って、「私があなたのお母さんよ」と言えるように、これからのあなたの人生をしっかりと生きてください。

「もう一人できれば、すぐに忘れられるわよ」などという慰めの言葉に傷つくこともあるかもしれませんが、そういう言葉は右から左へ流しましょう。

亡《な》くなったとはいえ、たった一人のかけがえのないあなたの子どもです。たとえ、今後、赤ちゃんが生まれても、その子のことを忘れる必要などありません。

また、きょうだいを持つことをためらったり、恐怖心を抱く親御さんもいますが、心配しなくても大丈夫。亡くなったその子も、きっと、きょうだいの誕生を喜んでくれるはずですよ。

今はどんなに苦しくても、わが子がお腹に宿ったこと、出会えたことは喜びだったと気づく日がやってきます。たとえ短い時間でも、「わが子」と思い、心から愛した。その時間は、かけがえのない宝物のはずです。

親と子として一緒に過ごせた、その時間への感謝を大切にしてください。

あなたがいつまでも悲しんでいると、お子さんまで悲しくなってしまいます。「お母さんをこんなに悲しませるなら、生まれてこないほうがよかった」と思うようになってしまっては、かわいそうだと思いませんか？

本当に子どものことを愛するなら、その思い出をすばらしいものにするためにも、もうこれ以上、悲しむのはやめましょう。

相談者の中には、「夢の中ででも会いたいのに、出てきてくれない」と嘆く人がいますが、それはまだ悲しみが大きいからでしょう。

夢で会うことで、ますます悲しみが募ることもあります。そのため、寝ている間にスピリチュアル・ワールド（たましいのふるさと）に帰って再会していても、その記憶が残らないのです。それは悲しみをこれ以上深めないための、向こうの世界の計らいです。

あなたの嘆きの中には、自分を責める気持ちもあるかもしれません。「守ってやれなかった」という思いがあると、ますます悲しみが募るでしょう。

けれど、スピリチュアルな真実を言うと、人は自分の寿命をも決めて、この世に生まれてくるのです。ショートステイでもロングステイでもそれは同じ。一概にどちらが幸せでどちらが不幸せといえるものではないのです。

あなたのお子さんは「現世にショートステイをする」と決めて生まれてきたということ。ショートステイだからこそできる学びをして、ふるさとに帰ることが課題だったのです。

この世に起こるすべてのことは、偶然ではありません。必然です。

流産したのは決してあなたのせいではありません。自分で自分を傷つけるのはもうやめましょう。

いずれまた会える日が来ます。

「私のところへ来てくれて、ありがとう」

「親子でいさせてくれて、ありがとう」

その思いだけを心に抱いて、今はただ、あなたに与えられた人生を、精一杯に生きてください。

子どもは天からの預かりもの。
いつか巣立っていく存在です。

今、あなたにできることは何ですか？

夫婦二人でともに子どもを育て、自立させる。それは大きな楽しみです。「こんな子どもに育てたい」という思いを語りあいながら、うまくいかない現実とも二人で格闘し、日々の子どもの成長に一喜一憂する。それが、子育てのおもしろさです。

けれど、あくまで基本は夫婦。子どもはやがて巣立っていく存在です。

それを忘れて、「夫より子どもが大事」「子どものために夫婦でいます」という考え方でいると、子どものほうが負担に感じるでしょう。

また、子どもだけに集中しすぎると、やがて子どもが自立したあと、心にぽっかり穴があいたようになる「空の巣症候群」になりかねません。

子どもは天からの預かりもの。誰の所有物でもありません。十五年ほどすれば、自立していきます。それまで育てさせてもらうボランティア。それが子育てです。

この意識が徹底しているのが欧米です。子どもは巣立つのが当たり前と考えているから、老後は夫婦二人でのんびりと楽しもうとします。海外ではよく、老夫婦が手をつないで散歩しているのを見かけます。互いに「お疲れさま」という気持ちで、いたわりあう姿は、見ていてほほえましいものです。

夫婦で過ごす豊かな老後。それは、二人でツルハシを振るいつづけて、やっと手にすることができた金の延べ棒であり、宝の時間だと思います。

日本ではなかなか子離れできず、夫を家に残して子ども夫婦のところを頻繁に訪れる人も見かけますが、基本は夫婦なのです。

そのことを心にとめて、目の前の「子ども」という存在と向きあってください。今はまだ小さくても、子どもは一人の人間です。その子との人間関係を大切に育《はぐく》んでください。「信頼できる大人」として、そばに寄り添ってあげてください。

親になること。それはその人のたましいを大きく成長させるすばらしい営みです。

子どもを育てながら、自分も育っていく。

そのダイナミックな変化そのものを楽しみながら、子どもと一緒に日々の暮らしをていねいに紡いでいってください。

【仕事・お金についての「8つの手紙」】

すべては、
あなたを成長させる
「人生のドリル」。

外で働くだけでなく、育児や家事も含め、「仕事」は私たちに実にさまざまな感動を与えてくれます。

仕事が楽しくて仕方がないという人もいれば、どうしてこんな職場を選んでしまったんだろう、もっとほかに可能性があるのではないかと悩む人もいるでしょう。でも、私たちが仕事をする目的は、その仕事を通して経験と感動を味わうことです。そのことをもう一度心に刻んでください。

人は誰でも成功を求めたがります。仕事を通して得られるお金や社会的地位や名誉、達成感……は、仕事をするうえで大切な「ごほうび」です。でも、それは目の前の仕事に尽くした成果として、あとからついてくるものです。

どんな環境でも、あなたがそれを選んだということ。スピリチュアルな視点で考えれば、不満のある職場でさえ、あなたがたましいを磨くために選んだ場所。

仕事にまつわるさまざまな出来事が、あなたを成長させてくれるチャンスだということに気づくはずです。

不運な時期は、
人生の作戦タイム。

仕事が評価されず、がっかりしているあなたへの手紙

うまくいかないことには「原因」があります。実はそこに、うまくいくヒントも隠されているのです。

人生には、いいときも悪いときもあります。

私たちは、そのどちらも経験するために生まれてきたのです。

それがわかっていても、いざ「悪いとき」を迎えると、うろたえたり、落ち込んだりしがちなものですね。

「絶対に成功させてみせる！」と意気込んで取り組んでいた仕事が、評価されなかったとのこと。あなたの悔しさはよくわかります。

けれど、そんなときこそ、もう一度思い出してください。

この世に偶然はありません。「悪いとき」が訪れたなら、それもまた必然な

のです。

仕事が評価されなかったことを「悪いこと」と、とらえるのはやめましょう。冷静に「なぜこんなことになったのだろう」と考えてほしいのです。

あなたの仕事への取り組み方、日頃の思い、言葉、行動――それらを客観的に振り返って見つめましょう。

ただ、私が言う「必然」という言葉の意味をとらえ違いして、何でも「必然だからしょうがないよ」と言い訳にしてしまう人がいます。

そうではなく、ここでの必然とは、仕事がうまくいくように努力をしていなければ、評価されるはずがないということです。

また、仕事は正しい動機のもとに行なわれなければなりません。

もし、あなたが自分の地位や名誉といった物質的なことに主眼を置いていたなら、結果はついてこないでしょう。

自分がまいた種が、結果となって表われるのです。

もし、動機も正しく、努力もしてきたのにうまくいかなかったのであれば、「今はまだその時期ではない」というメッセージ。悲観的にとらえることはありませんよ。

不運な時期は、明日の成功を導くための、とても大切なときです。もし人生が「いいとき」だけだとすれば、私たちは有頂天になって、自分を省《かえり》みたりしないでしょう。それでは何も学べません。

不運な時期、失敗と思える事柄こそが、私たちのたましいを輝かせてくれるのです。

私がいつも言っているように、人生に「失敗」はありません。たとえ失敗に見えても、そこから学べたならスピリチュアルな「成功」です。その学びがあれば、あとに現実の「成功」も必ずついてくるのです。

「こんなに努力をしたのに」と嘆きたくなる気持ちはわかります。けれど、人生はインスタントには運びません。お湯を入れれば即できるラーメンではないのです。

努力をしたら、すぐに成果が表われるはず、とは考えないでください。努力と成果の間には、実にさまざまな要素があります。人との関わり、自分の器、タイミング……。けれど、安心してください。成果が出るべきときには、必ず出ます。まだそのときではなかった、というだけのこと。

今は「努力をしてもうまくいかない」ということから、何かを学ぶべきとき。それを心に刻んでください。

さて、あなたが仕事への取り組み方を振り返るとき、ヒントになりそうなことを一つ紹介しておきます。

あなたは、その仕事を「とても頑張った」と言っていましたね。それはもちろん、すばらしいことです。

けれど、ただがむしゃらに頑張るだけでは、成果に結びつきにくいものです。

成功している人の働き方をよく見てください。いつも全力で頑張っているわけではないでしょう。だいたい八割ほどの力を、常に出しつづけているはずです。実は、それがコツなのです。

いつも一〇割の力を出していると、長続きしません。

一時的に一〇割の力を出すのは、比較的たやすいことです。気分が乗ったときだけワーッと盛り上がって頑張る、いわゆる「お祭り人間」と呼ばれる人の活躍は、そのときは派手でも、長続きしないでしょう。それでは、本当の成功には至りづらいもの。

それに対して、常に八割の力を出しつづけるのは大変な力を要します。八割だからといって、決して「手を抜く」ということではありません。残した二割の余裕で、冷静に自分を見つめ、周囲を見つめる、ということです。だからこそ、長続きするし、成果にも結びつくのです。

弦楽器を想像してください。弦の張りが強すぎても響かないし、たるんでいても鳴らないでしょう。適切な張り具合のとき、もっとも美しい音色を奏《かな》でます。仕事の取り組み方においても、この感覚が大切なのです。

頑張っているのにうまくいかない、努力が報われない――そんなときこそ、あなたの「頑張り方」を振り返ってみてください。

八割の情熱と二割の冷静さを携えて、さあそろそろ次の仕事の準備を始めましょう。

上司に恵まれないと思っているあなたへの手紙

相手の態度は、実はあなた自身の態度の映し出し

社内でも名物的な厳しい上司の下についたそうですね。「毎日、気の休まるときがありません」とのこと。緊張して席につくあなたの姿が目に浮かぶようです。

サラリーマンであれば、どんな上司の下で働くかは重要です。

いい上司の下で働ければ、楽しく仕事の力をつけられるけれど、そうでない場合、「ひたすら耐え忍ぶだけ」と思うかもしれませんね。

けれど、もう一度「波長の法則」を思い出してください。

「出会う人はすべて自分の鏡」です。

その上司についたということも、偶然ではありません。意味があるのです。

波長の法則には、自分によく似た人と出会う「真映し出し」のケースと、自分の弱い部分を教えてもらうために出会う「裏映し出し」のケースがあります。

たとえば、激怒タイプの上司についた場合、自分自身も同じタイプであるケース（真映し出し）と、反対に、激怒されたとき萎縮してしまうタイプであるケース（裏映し出し）があるのです。

前者は、自分とそっくりの人を見せられることで、「むやみに腹を立てると、周囲に迷惑ですよ」ということを教えられます。後者であれば、「相手の怒りに負けてしまう弱さを克服しなくてはいけませんよ」と教えられるのです。

あなたと上司との出会いが、どんな波長にもとづいたものなのか、一度よく考えてみてください。

その人から学ぶべきことが学べたとき、別の部署に異動になることもあるでしょう。反対に、上司を毛嫌いするだけで何も学べないうちは、いつまでもその人のもとにいることになったり、異動してもまた同じタイプの人につくことになったりします。

これは、多くの相談者を見てきた私の実感です。

あなたも、その上司と自分の波長をよく見つめ、この出会いから何を学ぶべきなのか、あなたなりの答えを探してみましょう。

それと同時に、激怒タイプの上司についた場合の現実的な対処法を考えてみてください。ポイントは、その上司の「怒りの鎮め方」を覚えることです。

人には必ず「怒りのスイッチ」があります。

あなたの上司は、どういうときに怒るのか、冷静に観察してください。

たとえば、部下が指示を聞かなかったときに怒るのか、報告を怠ったときに怒るのか、特徴があるはずです。

なかには演技派の人もいるでしょう。部署の空気を引き締めるため、パフォーマンスとして「怒ってみせる」タイプの人です。

まず、相手のタイプをよく見きわめて、「怒りのスイッチ」を把握しておくことです。

実際の仕事の場では、常に想像力を働かせてください。

「この人は、こんなことを言われたり、されたりしたら、怒るだろうな」と想像して、その「怒りのスイッチ」を押さないように気をつけるのです。これはどんな職場でも気持ちよく働くための、大切なコツです。

夫婦の間でも同じことがいえます。いつも同じことで喧嘩をしている夫婦がいますが、それは相手の怒りのスイッチが見えていないから。怒りのスイッチを想像する力が足りないからです。

なかには、わざと怒らせているのではないかと思うくらい、相手の気にさわることを言ったり、したりする人もいます。その場合は、相手に甘えたい、かまってほしい、という気持ちがあるのでしょう。つまり、愛の電池切れです。

職場で、無意識に上司の怒りのスイッチを押している人、いつも同じことで叱られている人は、その上司に「甘えたい」「かまってほしい」という気持ちが裏にあるのかもしれません。

あなたはどうですか?

その人のもとで働くことになったのも、縁あってのこと。じっくり相手を観察してみましょう。

くり返しますが、すべての出会いは偶然ではありません。

その人との関係の中で、自分が学べるものは何か、いつもそれを考える習慣をつけましょう。そういう努力の積み重ねが、「仕事の実力」にもつながっていくのです。

さあ肩の力を抜いて。観察力と想像力を武器に、笑顔でデスクに向かいましょう。

派遣社員として働くあなたへの手紙

なぜその仕事に不満を感じるのか――
そこに、今のあなたの課題があるかもしれません

スペシャリストとして正社員と同等かそれ以上に働いているのにお給料が安い、保障がない。

派遣社員として働くあなたは、そんな思いを抱いているのでしょうか？「昼休みにたばこを買いにいかせて当然って顔をしている」なんて、雑用を平気で押しつける正社員に怒り心頭、というところなのかもしれませんね。

今、あなたのように派遣社員として働く人は増えていますが、正社員との対立や待遇の差の問題など、さまざまな悩みがつきまとうようです。

どんな働き方にも、メリットとデメリットはあります。派遣で働くメリット

とは、何だと思いますか？

シビアに時間を切り売りして、それ以外のことは、タッチしなくていいことでしょうか？

極端にいえば、契約書に書いてあることをきちんと行なっていれば、お給料をいただけるのです。確かに、派遣という働き方にはそうしたメリットはあると思います。私がいつも言う「適職」としての働き方です。

適職として、技能に見合ったお金をいただくのですから、そのためには、しっかりした「能力」を持っていることが前提です。

派遣で働いていると、正社員よりも待遇が悪いと思うかもしれませんが、雇い主である会社は、あなたの手取り額以上のものを派遣会社に支払っています。手数料として派遣会社がとっているぶんも、あなたの仕事にカウントされているわけですから、上司の見る目も厳しくなって当然です。スキルがあってこそ成り立つ働き方といえるでしょう。

また、契約期間が終われば、自由に選択できるという身軽さもあります。契約期間の合間をぬって、長期の旅行に出ることもできるし、趣味に打ち込むことも可能ですね。

そんなふうに、適職と天職のバランスをとりやすいのは、派遣の大きなメリットだと思います。

一方、デメリットはいつ契約を打ち切られるかわからないという不安定さでしょう。身軽さというメリットを裏返せば、不安定さというデメリットになるのです。

正社員に対して立場が弱い、ということもあるかもしれません。業務以外の雑用を押しつけられたり、恋愛沙汰などでもめた場合、辞めさせられるのは派遣のほうだったり、という話もよく聞きます。

正社員の中には、派遣だというだけで最初から見下すような態度をとる人もいるでしょう。派遣のメリットだけを見て、「気楽でいいわね」などと妬み心を持つ人もいるそうですね。

これらは、派遣として働くとき、どうしてもついてまわるデメリットかもしれません。それを承知のうえで、「派遣」というワーキングスタイルを選ばないと、苦しいこと、腹立たしいことが増えるばかりかもしれません。

そのデメリットを、覚悟を決めて引き受けるか、あるいは正社員を目指すなど別の道へ進むか、どちらかを選ぶことが、今のあなたには必要なのではないでしょうか。

悔しい思いをしたとき、考えてほしいことがあります。

まず、人間というのは、コンプレックスがあるとき、自分より立場が弱い人に優越感をふりかざす傾向があるということです。派遣というだけで見下すような態度をとる人は、コンプレックスが強いのかもしれません。そんなふうに考えれば、むやみに腹を立てることもなくなるでしょう。

また、人は自分が経験していないことには、気づかずに無神経になってしまうこともよくあります。

あなたも振り返ってみてください。オフィスを掃除してくれる人、荷物を運んでくれる人――そういう仕事をする人たちに対して、軽んじるような態度をとったことはありませんか？　あるいは、ホテルやレストランで、相手の職務以上のサービスを求めたことはありませんか？

相手に対して腹立たしく思う心を一度おさめて、あなたの日頃の行動や、あなた自身の心のあり方を振り返ってみることが大切です。

どんな働き方にしろ、大切なのは、あなたのたましいがそこから何を学べるか、どう成長できるか、という点なのです。

冷静に分析してください。問題を解決するために「今すべきこと」に全力を尽くしてみてください。

怒りをバネにして、喜びをつかみにいきましょう。

リストラに遭ったあなたへの手紙

理不尽に思える出来事にも必ず理由があります。苦しい今こそ、それを考えるチャンスです

リストラの話はよく耳にしても、「まさか自分が」という思いがあったことでしょう。ショックで頭の中が真っ白になったのではないでしょうか？　会社に裏切られたという思い、これからの生活への不安、まさに嵐のような心中、お察しします。

けれども、「終身雇用制」神話が崩れた今、これは誰にとっても他人事ではない話です。あなた一人が抱える問題では決してありません。

まずはゆっくりと休みましょう。心と体にたっぷりと栄養を与えてください。旅に出てもいいかもしれません。今までよく頑張ってきたのです。ゆっくりと

温泉にでもつかり、おいしいものを食べましょう。自分へのごほうびです。旅先で気持ちが少し癒されたら、じっくりと振り返ってみてください。何が、この事態を招いたのか、と。

最初は会社に対する憎しみ、恨みが噴出してくるかもしれません。それは仕方がありません。けれど、忘れないでください。憎しみや恨みの波長は、同じようにネガティブなものを引きよせます。あなたにとって、いいことは何もありません。

憎しみや恨みという感情は、ひとまず脇へ置いておきましょう。

さて、ここから厳しい内容になりますが、あえて書かせてください。

会社にとって必要な人であれば、リストラはされません。

あなたは確かにまじめに働いてきたと思います。けれど、会社という組織は、どんなにまじめに努力しても、それだけでは「必要」と認めてくれないところなのです。

仕事で認められるために欠かせないもの、それは「自分をプロデュースする力」です。そして自己プロデュースに必要なもの――それは「相手の視点を持つ」ことです。

相手が今、何を望んでいるか。どうしてほしいと思っているか。

それを敏感に察して対応できれば、自己プロデュースは成功します。

飲食店を観察してみてください。繁盛している店は、味や雰囲気、立地など、お客さんのニーズを的確にキャッチして、それを提供していますよね。反対に、失敗している店は、お客さんのニーズどころか、ただ「オレのうまい料理を食ってみろ」と言わんばかりです。

会社員にとっても、この「相手の視点を持つ」ということは必要なのです。

相手の視点を持つというと、「気を遣う」ことだと思う人が多いようですが、そうではありません。「気を利《き》かせる」ということなのです。

「気を遣う」とは、自分をよく見せようとして動くこと。「気を利かせる」とは、相手を観察して、相手が喜ぶツボを押してあげること。相手が何を望むかを想像する力が必要になってきます。

苦手な上司がいたり、納得できないこともあるでしょう。けれど、それらをぐっと飲み込んで、相手のニーズを読みとり、会社のために「気を利かせて」

働く。それが「会社員として仕事をする」ということではないでしょうか。

会社に就職するのは、昔の「お嫁入り」と似ているように思います。

花嫁衣装である白無垢《しろむく》は、本当は「死に装束《しょうぞく》」です。「今までの自分は一度死に、新しい家風になじみます」という宣言のようなものです。つまり、自分を殺して相手に合わせる修行をする、ということなのです。もちろん、企業内で悪事がなされているようなときに、会社に迎合する必要はありません。

ずるく立ちまわっていた人がリストラに遭わず、なぜ自分ばかりが……と感じたとしても、怒らないでください。

私はあなたに、自分と〝他人〟を比べる人になってほしくはありません。

人をずるい！　と思ってしまうと、そのネガティブな波長が、あなたの次なる道を閉ざしてしまうかもしれません。

どうか冷静になり、次にどこの会社に行っても通用する力、必要なら起業もできるくらいの実力を蓄えておきましょう。

自分が勤める会社のやり方に従いながら、どうすればその会社の役に立てるのか、相手の視点で仕事をしていくこと。それと同時に、自分なりの仕事への情熱や方向性は、きちんと持っていること。

この二つのバランスをとって働くことが必要です。

リストラに遭ったばかりのあなたには、少し厳しい話だったでしょうか。けれど、今は「いったん休んで、今までの自分の生き方・働き方を考え直す時期ですよ」というメッセージが来ているとき。だからあえて、真実を伝えたかったのです。じっくり自分を振り返り、ここに書かれたことを理解できるようになったならもう大丈夫です。新しい仕事はやがて決まるでしょう。今までとは違う働き方もできるはずです。

今日、流した涙は決して無駄ではありません。それが明日の幸せを引きよせる原動力となるのです。

それぞれの人に合った働き方があり、
働ける幸せがある。

「働ける」ことのすばらしさに気づいてますか？

忘れられがちなことですが、「働ける」ということは、それだけでとても大きな喜びです。「働かなくてはいけない」と、「働くことができる」。この二つの考え方の違いはとても大きいのです。

社会人になったばかりの頃は、誰でも働ける喜びをかみしめますが、時間が経つにつれ、その喜びを忘れ、不満や不平がとってかわります。

けれど本来、働けることは、すばらしい喜びです。働くことで、お金を得ています。つまり、働くことで食べていけるわけです。

お金が稼げる場所がある、ということ。現世的な意味でいえば、仕事の喜びの原点はここにあります。初任給を手にしたときの喜びは、誰もが忘れられないでしょう。

仕事ができて、お金が稼げる。そのこと自体を、大きな喜びと感じる感性は、とても大切です。それを忘れると、たとえば「仕事が楽しくない」「職場でいい出会いがない」「職場にいい仲間がいない」などの不満が出てくるのです。

働くことで、お金が手に入るのは、仕事の大前提としての「喜び」です。けれど、仕事の中で私たちが得るのは、お金だけではありません。新しい出会いがあり、その中で興味の対象もどんどん広がっていくことでしょう。そこで、さまざまな学びや気づきを得ることができます。それもまた、仕事の大きな「喜び」です。

なかには、病気や重いハンディキャップがあるために、希望どおりには働けないという人もいるかもしれません。もし、健康上の理由などで働けず、経済的に苦しいという場合は、生活保護などの援助を胸を張って受けてほしいと思います。遠慮したり、恥ずかしがったりする人もなかにはおられるようですが、「病気と闘う」というのも、立派な仕事です。仕事というのは、何も会社に行って机の前に座らなければできないものではないのです。その人なりの働き方があるのです。

それぞれの人に合った働き方があり、働ける幸せがあるのです。そこで私たちはたましいを磨くチャンスを得ているのです。

このことを自分に言い聞かせてから、仕事に向かってみてください。

仕事に対する姿勢がずいぶん変わるはずです。

大我の心で仕事をするとき、必ず天のサポートがやってきます

働くときの心構えとしてお伝えしたいことがあります。

それは、一つひとつの仕事はこなしながらも、そこからもっと大きな視点で、「社会全体の利益になることは何か」と考えること。実はこれはとても難しいことです。

けれど、自分だけの喜びから、世の中の喜びへ。適職をこなしつつ、自分が大好きなことを「人のため」にやってみるのです。

自分だけの楽しみ（小我）から、人の役に立つもの（大我）が見えたとき、それは「天職」になる可能性が高いのです。

もちろん適職でも、大我で働いている人は、人に認めてもらえるようになるなど、何らかの成果が出せます。また、そういう人はたとえ結果が出なくても、仕事をすることそのものに「喜び」を感じているはずです。

だから愚痴をこぼすことはありません。結果が出なくても、人にほめられなくても、

仕事そのものが喜びであれば、十分だからです。

逆に言えば、愚痴をこぼしている間は、「ほめられたい」という小我で仕事をしている、ということです。

高い波長で仕事をしていれば、必ずいい仕事に恵まれます。現実的にいろいろ助けてもらえるし、スピリチュアルなサポートも受けられるでしょう。

しっかりと自分を見つめて内観し、大我を胸に抱いて、それを行動に移せば、結果は自然とついてきます。

けれど、喜びはそこにあるのではありません。

くり返しますが、結果を出すまでの道のりが、たとえけわしい茨《いばら》の道であっても、そこでした努力、流した汗にこそ、本物の「喜び」はあるのです。

今が、
あなたのスタートラインです。

自分らしい才能を見つけたいあなたへの手紙

「好き」という気持ちは、あなただけの才能の原石

「才能のある人はいいですね。私には何もありません」

そんなふうに言う若い人はたくさんいます。それを聞いて、とてももったいないと、いつも感じます。

なぜなら、スピリチュアルな視点で見ると、「才能のない人」は一人もいません。みんな生まれるときに、必ず「ギフト」をもらって生まれてくるのです。それを忘れているだけ。どんな人でも、輝く宝石の原石なのです。

あなたは、才能を何か特殊な能力のように考えていませんか?

「パリコレに出るようなモデルになれる才能」「大ベストセラーになる小説を

書ける才能」など、人から見て「かっこいい」と思われる能力だけに限定して考えると、持って生まれたあなた自身のすばらしい才能に気づけません。

人からどう見られるかは関係ないのですよ。

あなた自身のありのままの姿を真剣に見つめてください。きっと隠れていた才能が見えてくるはずです。

そのためにはまず、子どもの頃、あなたが「好きだったもの」を思い出してみましょう。何をしているときに、心から「楽しい」「うれしい」と感じていましたか？　どんなことでもかまいません。たとえば、野原を駆《か》けまわるのが大好きで、なかなか家に帰らなかったとか、クレヨンで絵を描いていれば満足だったとか。

そういう「好き」の中に才能は潜んでいます。

野原を駆けまわるのが好きだったなら、体を動かすことや、自然の中にいることが好きなのでしょう。環境保護レンジャーや自然観察会の指導員などに適性があるかもしれません。絵を描くのが好きなら、イラストレーターやデザイナー、美術館の展覧会を企画するキュレーターなどの仕事にも可能性があるか

ください。

もしれません。

「好き」という気持ち、それが才能の原石なのです。その気持ちを大切にして

「そんなの無理」と考えて、何もしなければ、今のままです。

「好き」という気持ちから逃げてしまうのは、人と比べているからです。

「好きだけど、あの人と比べると下手だから」

そう思って、好きなものを手放してしまう人がどれほど多いことでしょう。

私は二〇〇八年にオペラ歌手としてデビューしました。

十八歳の頃から、音楽の道を志してきた私にとっては、念願がかなった出来事でした。関西屈指の声楽家集団である関西二期会のオペラ公演に出演できるなどとは、あの頃の私からすれば夢のような出来事です。しかし、好きなことをあきらめずにやってきたごほうびだと思っています。

スピリチュアル・カウンセラーとして講演などで全国各地を飛びまわる忙しさの中にあっても、音楽への情熱が薄れることはありませんでした。そして、「好きだ」という思いは、「もっと練習したい」という行動につながっていきま

した。どんなに時間がない中でも、レッスンを積んできたのです。もし、私が人と比べてあきらめていたら、夢はかなっていなかったと思います。

上手か、下手か。それは人から見た評価にすぎません。しかもその評価が正しいかどうか、誰にもわからないのです。有名な小説家でも、人気が出る前は、作品を編集者にこきおろされたという経験を持つ人はたくさんいます。ゴッホも、評価されたのは、亡くなったあとのことでした。

あなたが「好き」と思えて心からの喜びを感じられることを究《きわ》める努力をすることが大事なのです。

また、好きなことを一つに限定する必要もありません。好きなことがたくさんあって、あれもしたい、これもしたいと動きまわっていれば、ますます才能は広がり、活躍の場も増えていくでしょう。

さらに爆発的なパワーが生まれるのは、「好きなことを究めたい」という情熱にプラスして、「この才能を生かして、人の役に立ちたい」という使命感が生まれたとき。

そのとき、ガーディアン・スピリットが、あなたのその才能を生かせるよう、強力にサポートしてくれるでしょう。

天から授かった、あなただけのギフト。それはあなた自身に喜びをもたらすと同時に、人の役に立つために、与えられたものなのです。

そのことを心の片隅に置いて、好きなことを追いかけましょう。お金にはならないかもしれません。でも、くり返し言っているように、適職と天職は違います。お金にならなくても、才能を天職として楽しめれば、その喜びはあなたの人生を何倍も豊かにふくらませてくれることでしょう。

まずは、あなたの好きなことに気づいてください。そして、それが花開くよう努力してください。

その花がたくさんの人を楽しませ、喜ばせる日が、早く訪れますように。

毎日の仕事にやりがいを見失っているあなたへの手紙

やりがいは、与えられるものではありません。自分で「見つけようとする心がけ」が大切です

あなたの仕事に、感動はありますか？

「日々の仕事に精一杯で感動できる余裕なんてとてもありません」

あなたはそう言うでしょうか？

仕事は毎日のことですから、それをどんな気持ちで行なうか、ということは、あなたの人生をも左右する問題です。

人生に感動＝喜怒哀楽が生まれるのは、あなたが懸命に生きているときです。

もし、今のあなたに感動できる余裕がないとすれば、惰性で仕事をこなしているところがあるのかもしれません。

「でも、仕事で感動なんて無理。やりがいなんてない仕事ですから」とあなたは言うかもしれません。

あなたは、天職と適職の割り切りができていますか？

たましいが喜ぶ天職と、食べていくために必要な適職。この二つをはっきりと意識して分けることで、それぞれに費やす時間が驚くほど感動に満ちてきます。

今の仕事がどんなルーティンワークだとしても、それを食べていくために必要な仕事＝適職と考えれば、「やりがいがない」どころではありません。お給料という立派な「やりがい」が手に入り、食べていけるのです。その適職があるからこそ、「天職」という楽しみを見つけ、続けることもできるでしょう。

適職がなくて生活にも困るようなら、たとえ天職を見つけたとしても、あきらめざるを得ないでしょう。

その意味でも、適職を持つことはとても大切です。そのうえで、天職も視野に入れましょう。多くの人が求める「やりがい」は、その天職の中で実現すればいいのです。

ただ、ここでもう一点、考えてほしいのは、「やりがい」という言葉の本当の意味です。

あなたが考える「やりがい」とは、いったい何でしょうか。

一般的には、ワクワクする高揚感や、人に喜んでもらえる喜びがあること、人から認めてもらえることなどが、「やりがい」だと思われているでしょう。

では、適職＝食べていくために必要な仕事の中に、「やりがい」を見つけることはできないのでしょうか？

いいえ、適職には、適職ならではの「やりがい」が必ずあります。

仕事の現場には、実にさまざまなシチュエーションがあります。あなたにも、無理を言うクライアントに対応したり、逆に無茶な要求をのんでもらったりした経験がありませんか。あるいは、そりの合わない上司や同僚とも、なんとかして仕事をまわしていかなくてはいけないこともあるかもしれません。でも、そんな中にも「やりがい」を見つけ、思いを込めることはできます。

失敗をくり返しながらでも、昨日よりも今日、今日よりも明日、たましいを成長させていこうと努める。それはどんな仕事においてもできることです。

そして、それこそが本当の意味での「やりがい」ではないでしょうか。

無駄な経験は何ひとつありません。あなたの努力を認めてくれる人は、必ずいます。たとえ職場にはいなくても、あなたのガーディアン・スピリットは必ず見ています。その意味で「孤独な人」はこの世に一人もいないのです。

「やりがいがない」と思える仕事の中にこそ、本当のやりがいがあります。

それを見つける目を、どうか持ってください。

日々、仕事の中から学びつづけてください。

努力は決して裏切りません。必ずあなたのたましいを今以上に輝かせ、感動で彩られた豊かな人生へと導いてくれるはずです。

もっとも、「やりがい」ばかりを追い求めすぎて、本来果たすべき職務から遠ざかってしまっては本末転倒です。

不満ばかり口にして、「権利を主張して義務を果たさず」になってはいませんか？

その点もしっかり考えましょう。

仕事における葛藤は、私とて同じです。これまで適職の中でさまざまな困難に出会い、それを乗り越えようと一歩ずつ進んできました。

けれど、いかなる困難もそれを乗り越えられたとき、また新しい出会いが訪れました。人生はそのくり返しです。それは、この世に生きる誰もが同じではないでしょうか。あきらめず、今日の自分を超えていきましょう。

再就職にチャレンジしたいあなたへの手紙

今やるべきことに全力を尽くせば、いくつになっても「働き直し」は可能です

結婚や出産を機に退職したけれど、子どもが少し手を離れたので仕事を再開しようと思っても、なかなか新しい職場が決まらない。今、あなたは、〝社会は甘くない〟ということを思い知らされたようで、気持ちが沈んでいるかもしれませんね。けれど、そういうふうに嘆く人は、あなただけではありません。

離職してから時間が経っていたりすると、確かに、再就職をするには厳しいと感じることも多いかもしれません。

けれど、その条件を「マイナス」と考えるのはやめましょう。「私はこういう条件だから、ダメなんだ」と決めつけないでください。

あなたは、子育てをすると決意して、自分の時間を精一杯使ってきたはず。それは、とてもすばらしいことであり、人生にとって決してマイナスではありません。

結婚や出産に限らず、人生のさまざまな場面で「今、自分にできること」を考えて選択してきた人には、また次のチャンスが用意されているものです。

ですから、もし今の条件が自分の望むとおりではないと思っても、それを必ずプラスに変える方法はあるはずなのです。

「そんな理想論を言われても、現実は厳しいんです」

あなたはそう言うかもしれません。

そうです、現実は厳しいもの。ですから、厳しい現実を乗り越えるために、「なりたい自分」を思い描く想像力と、それを実現するための長期的な計画が必要なのです。

おいしいラーメンをつくるためには、麺が煮える前に野菜を刻んだり、器を温めたり、事前の準備が大切ですね。それと同じです。

あなたの場合なら、子どもが生まれるとわかった段階で、いいえ、それよりもっと前から、「子どもが手を離れたら、何をするか」と、十年後の自分について考えていましたか？　その間に少しずつでも自分の実になるスキルを学ぶなどの準備をしていたら、その実りが今、何かしら手元にあるはずです。けれど、あなたに限らず「毎日の子育てに追われて、とてもそんな時間はなかった」という人は多いことでしょう。それでは手遅れかというと、決してそんなことはありません。

なぜなら、今、気づけたからです。もう十年経てば、現実はさらに厳しくなります。

今こそ、自分という素材を見つめ直し、今の年齢、今の立場で何ができるかを、じっくりと考えましょう。

年齢を重ねた人のほうが求められるジャンルは、思いのほかたくさんあります。たとえば結婚式の介添人や、社会福祉介護士などは人生経験の豊かな人のほうがいいでしょう。同様に、子どもがいる人のほうが求められるジャンルもあります。小児科の看護助手などは、子どもの扱いに慣れた人のほうが役に立てるはずです。

再就職をしたいと思ったときは、まず「何のために働きたいのか」をよく内観してください。お金のためか、子育てや主婦業から離れて自由を得たいのか、あるいは、もともと持っている資格を生かして、社会のために役立つことがしたいのか。どういう動機でしょうか。

自分が楽しみたいといった小我ではなく、家計を助けるためとか、社会貢献のためと思えるのであれば、その思いは大我。子どもをはじめ家族もきっと理解を示してくれるはずです。お子さんがどんなに小さくても、どんな気持ちで働いていたのかはやがて必ず伝わります。「子は親の背中を見て育つ」といいます。可能ならば、子どもに職場や働いているところを見せてあげるのもいいでしょう。

厳しい時代とはいえ、日本にはさまざまな職業があります。十分「適職」となる仕事はあるはずですよ。見つからないとしたら、自分が選びすぎているのではないか、と振り返ってみてください。

くり返しますが、適職と天職は違います。適職は、食べていくために、自分の得意な技能を使ってする仕事、天職はたましいが喜ぶ仕事です。このバランスをとることが大切なのです。

今、あなたが探しているのは、どちらでしょうか？

理想にこだわりたい気持ち、現実の厳しさに悲しくなってしまう気持ちもわかります。

けれど、ここで足踏みしていては時間がもったいないと思いませんか？

ネガティブな感情にとらわれず、気持ちを切りかえましょう。

今が、あなたのスタートラインです。

お金に悩むあなたへの手紙

何のためにお金が必要か――その動機がお金の流れを左右します

私たちは、仕事をすることで「お金」を手に入れます。かつて「お金で買えないものはない」と言った人がいましたが、あなたはどう考えますか？

お金で買えないものは、たくさんあると私は思います。

人の心も、人の命も、お金では買えません。

「お金さえあれば幸せ」と思っている人もいますが、お金があっても不幸な人を、あなたもたくさん見てきたのではないでしょうか。

だからといって、お金なんてなくてもいい、お金は汚い、というのも違うと思います。お金そのものが、汚かったり、美しかったりするわけではないのです。それを使う人の心の問題です。持つ人の心が汚れていれば、お金も汚いものになるでしょうし、持つ人の心が美しければ、きれいなお金になります。お金を稼ぐ、使う、貯める。そういうさまざまな経済活動を美しいものにするのも、汚いものにするのも、お金を扱う人の心次第なのです。

主人公はお金ではなく、あなた自身です。

お金だけに執着して、人を大切にしない人。お金を稼ぐことだけを至上価値のように考え、お金がないことを馬鹿にする人。お金がないことにコンプレックスを抱き、お金がある人を妬む人。みんな、お金を「主人」にしてしまい、自分はその「従者」になっている状態だといえるでしょう。

お金を扱うときこそ、自分が主人となることが大切です。

そのために必要なポイントをまとめてみました。

まず、お金を扱うときは、「何のために」という動機を大切にしてください。

何のために、稼ぎたいのか、使いたいのか、貯めたいのか。

それがはっきりすれば、お金に振りまわされることはなくなるでしょう。

しょせん、お金はお金にすぎません。ただの紙切れです。大切なのは、あなたの心。「何のために」という動機の部分なのです。

そして、お金は「人のために」という心で扱うときに大きく育つ、という特徴があります。これを覚えておいてください。

たとえば、自分のために何かを買おうとしても、なかなかお金は貯まらないでしょう。つい無駄遣いをしたりして、いつの間にかなくなってしまうかもしれません。

けれど、たとえば「家族のために家を買う」という目標があれば、案外貯まるものです。自分のためだけでなく、家族みんなで憩《いこ》うマイホームを買いたい。もちろん、見合う努力をしたうえでのことですが、その思いが大我なら、お金を引きよせるでしょう。

つまり、自分のまわりのすべてを愛する心が根底にあるかどうか、です。小我＝自分だけを愛する心には、お金は近づいてきません。

次に、「お金はお金を大切にする人」のところに集まる、という特徴もあります。

お金を大切にするとは、お金に対して「感謝する心」を持っているということとです。

たとえば誰かに食事をごちそうになったとき、きちんと感謝できる人なら、相手もうれしくなって、「またごちそうしよう」と思えるでしょう。「ありがとう」も「ごちそうさま」も言えない人には、二度とごちそうしようとは思いません。

感謝の心を持っていれば、それだけで違ってきます。

さらに、「お金が欲しい」という気持ちに罪悪感を持たないことも大切です。欲しい気持ちがあるのに、それを抑圧していると、その裏返しでお金を汚《けが》らわしいもののように扱ったり、お金を持っている人を妬んだりしやすいのです。お金が欲しいなら欲しいでいいのです。それは、決して悪いことではありません。

すべては、何のためか、という動機次第です。動機が正しければ、自分の心に素直になって努力しましょう。

そして、入ってきたお金は、自分のためだけでなく、必ず人のためにも使うこと。これが鉄則です。すると、またお金が入ってくるという、いい循環ができます。

だから、お金の出入りというのは、「心のバロメーター」になるのです。

お金が入ってくるようになったということは、人を妬まず、自分の気持ちに素直になり、感謝の気持ちを忘れなかった証ともいえるのです。

私たちにとって本当に大切なのは、お金そのものではありません。私たちがこの世での旅を終えるとき、持っていけるのはお金ではなく、たましいに刻んだ経験と感動だけなのです。

そのことを忘れず、お金と向きあってみてください。お金に振りまわされないよう、あなたの心を鍛えてみてください。そこに本当の「喜び」が生まれるはずです。

この仕事ができてうれしい。
その波長がチャンスを呼び込む。

夢は「言葉」にして自分自身に語りかけましょう

くり返しますが、まず「働ける」ということ自体が幸せなことです。仕事に対する不平不満を言う人はたくさんいますが、働けなければ、その不満さえも言えません。生きて、仕事ができる。その幸せをかみしめてください。

それを意識するだけで、仕事はずいぶん楽しくなるはずです。

以前から望んでいた仕事、好きな仕事に就《つ》くことができれば、もちろん楽しいでしょう。けれど、そこで大切なのは、最初に感じたときめきをいつまでも持ちつづける、ということです。

初心忘るべからず。結婚も同じですが、最初は有頂天でも、次第に不満がたまり、嫌になっていくケースがよくあります。

毎日、「仕事が楽しい」と思えればいいのですが、なかなかそうはいきません。どんなに好きな仕事でも、うまくいかずに悩むこともあるでしょう。そんなときこそ、初心を思い出してください。好きな仕事に就けて幸せだと感じた心。それこそが、あなたの宝物です。何があっても揺るがない心のよりどころとなるものです。

また、仕事において「こうしたい」「こうなりたい」という夢をしっかりと描いて、言葉にしておくことも大切です。

初心を忘れず、その夢に向かって努力を続ければ、必ず成果はついてきます。たとえば大きなプロジェクトを任されて、苦労しながらも大役を果たせれば、いっそう仕事の楽しさはふくらんでいくでしょう。

そこでも天狗《てんぐ》にならず、また初心を思い出せば、いい循環が始まるはずです。

【健康についての「5つの手紙」】

あなたの心と体、
人生を快適に
ドライブするために。

肉体とたましい。その関係を、私はよく車と運転手にたとえます。車というメカニックが肉体で、それを操《あやつ》る運転手がたましいです。車は、メンテナンスをしないと、調子が悪くなります。運転手も、運転しつづけていると、疲れるでしょう。それと同様のことが、私たちの肉体とたましいにも起こるのです。

体の不調に悩むときは、今はゆっくり休んだほうがいいですよ、というガーディアン・スピリットからのメッセージです。あるいは、思いぐせによって間違った方向に進んでいますよ、と言われている場合もあるでしょう。

体が発するメッセージに、きちんと耳を傾けてください。

私たちは、スピリチュアル・ワールド（たましいのふるさと）から現世にやってきた旅人です。肉体を、あえてまとって生まれてきました。

肉体を持つがゆえの喜び、肉体を持つがゆえの苦しみ、両方あります。

どちらも十二分に味わいましょう。それは私たちが生まれてきた目的を果たすことにもなるのです。

病気は、私たちに
《心の力》があることを教えてくれる。

病気で倒れたあなたへの手紙

病の中にさえ、たましいを成長させるという「喜び」がある

具合はいかがですか？　自宅で療養中ですか？　それとも入院されているのでしょうか？　心からお見舞い申し上げます。

私もこれまでに三度入院をしていますが、その経験からも実感していることがあります。それは、決して病気イコール「不幸」ではないということ。病気とともに生きている人はたくさんいます。病とともにいきいきと輝いて生きることはできるのです。

また、病気になるからこそ、健康なときにはわからなかったことに気づくこともできます。病気のつらさ、体が弱い人の気持ち。人のやさしさも身にしみ

ることでしょう。

あなたも、つらい仕事も笑顔でこなす看護師さんの献身ぶりに触れたり、支えてくれる家族のありがたみにも触れて、まわりの愛にあらためて気づけたのではないでしょうか？

また、病気になることで、自分自身の「思いぐせ」にも気づかされます。

『スピリチュアル セルフ・ヒーリング』（三笠書房《王様文庫》）にも書きましたが、スピリチュアルな視点で見ると、病気には三種類あります。

過労や不摂生による「肉体の病」、心の思いぐせが引き起こす「思いぐせの病」、そして、本人の人生のカリキュラムを知らせる「宿命の病」です。

なかでも「思いぐせの病」は、その人の心のあり方の中に向きあうべき課題があり、それが肉体にメッセージとして現われているケースです。

一例ですが、たとえば、自分の人生にいつも不満を抱いている人は、胃腸などの消化器系の不調を訴えることがあります。

これは、人生に起こるさまざまな出来事をうまく「消化できない」ために不満を抱きやすい、その「思いぐせ」に気づきなさいというメッセージなのです。

不満を抱かずに、受け入れることができたとき、癒えることもあるでしょう。

私が三十歳のときに経験した胆石も、過労による肉体の病であると同時に、怒りやストレス過剰の傾向を教えてくれる「思いぐせの病」でした。

肝臓は東洋医学でも「怒りの臓器」といわれているようですが、肝臓と深く関わる胆のうも同じで、怒りやストレスの影響を受けやすい臓器なのでしょう。

そこに石がたまったということで、私はその頃の自分の暮らしがいかにストレスフルであったかを思い知らされました。

これではいけないと思い、個人カウンセリングを減らして、スピリチュアルな真理をより多くの人に伝えるという方向に、仕事の舵《かじ》を取り直すことにしたのです。

けれど、「思いぐせ」のない人はいません。みんな自分の「思いぐせ」に悩みながら生きています。それを修正していくことが、人生の課題ともいえるのです。

あなたも、少し落ち着いたら、病が語りかけているメッセージに耳をすませてみてください。あなたの性格や、心の中にある思い、日々の暮らし方の中に、そのヒントはたくさんあるはずです。

病が自分に何を教えようとしているのか。それを深く考え、学びとる機会にしましょう。

病気になるということは、そういう「心の力」に気づく、いいチャンスといえるかもしれません。

あなたももう気づいていることでしょう。どんなとき、どんな事柄からでも、多くを学び、多くに気づいて、たましいを成長させていくことができれば、それに勝る「喜び」はない、ということに。

そう、病の中にすら、幸せや喜びはあるのです。

人生に無駄な体験は一つもありません。病院で食べる食事の味、ベッドから眺める空の色、お見舞いにもらった花の香り……すべて覚えておきましょう。

それがあなたのこれからの人生を輝かせる経験の一つになるはずです。

くれぐれもお大事に。一日も早い快復をお祈りしております。

疲れやすいあなたへの手紙

心と体にスピリチュアルなエネルギーを充電する方法

「どこが悪いというわけでもないのに、なぜか疲れやすいんです」と言っていましたね。

その疲れは、体からのどんなメッセージなのでしょうか？　まず、ゆっくり休んで疲れをとってください。

いつも言っているように、肉体は車、たましいは運転手です。疲れやすいというあなたの肉体は、たとえれば小型車のようなものなのかもしれません。けれど、それは決して悪いことではないのです。小型車だと、長距離やハードな道は走りにくいでしょうが、小回りが利いて細い路地にも入っていけます。四輪駆動だと、オフロードでもガンガン走れますが、日常の買い物には向きませんよね。

車の大きさは、いうなればその人の個性。どちらが優れているとか、劣っているとかいうふうに比べるものではありません。ただ、共通していえるのは、どんな車も運転手がよくないと、乗り心地が悪くなったり、事故を起こしやすくなったりする、ということです。

反対に、どんな車でも、運転手がその特性を受け入れて、上手に乗りこなせば快適なドライブができます。

ですから、まずはあなたが持って生まれた肉体の特性を受け入れましょう。体が弱いという自覚があるなら、メンテナンスを上手にしながら、できる範囲のことをしていきましょう。無理をする必要はありません。

また、疲れやすいのは、日常的な習慣が原因である場合も多いようです。疲れたな、体調が悪いなと思ったら、次の三つのことを試してみてください。

まず、毎朝、できれば外に出て、深呼吸をすること。

おへその下あたりに丹田《たんでん》というツボがあります。これは肉体とたましいをつなぐ大切な接点です。ここを意識して、腹式呼吸をしましょう。

足を肩幅程度に広げ、丹田を意識して、鼻からゆっくり息を吸います。これ以上ゆっくりできないというくらいの速度にしましょう。吸いきったら、今度は口から細く長く糸を吐くようなつもりで、息を吐きましょう。

そのとき、体の中の汚れたエネルギーが全部外に出ていくイメージを持ちましょう。吐ききったら、一度、リラックスします。これを三回、くり返してください。これだけでかなりラクになるでしょう。

次に、お風呂にゆっくり入ること。

人間には、エクトプラズムと呼ばれる生体エネルギーがあります。疲れや憎しみといったネガティブな思いがたまると、エクトプラズムは黒く汚れます。黒く汚れたエクトプラズムは毒素のようなものです。これを吐き出すには、入浴が有効です。湯船で体を温めると、毛穴が開き汗をかきます。それと同時に汚れたエネルギーも体の外に排出できるのです。つまり、入浴はスピリチュアルなデトックス。シャワーだけですませず、ゆっくりと湯船につかって汗をかくことを、ぜひ習慣にしてください。

最後は、水晶のクリーニング効果を借りること。

水晶などの鉱物は〝サプリメント〟として有効で、特に水晶は、邪悪なものを祓《はら》うパワーがあります。体調が悪いとき、たとえば肩こりや頭痛に悩むときは、枕もとに置いてみたり、痛みのある部分を水晶でさすってみるのもいいでしょう。水晶のブレスレットやペンダントを身につけるのも効果的です。

この三つの方法で、体調を整え、疲れにくい体にすることができるはずです。

そして、何より大切なのは、心の疲れをとることです。心を疲れさせるのは、ネガティブな感情です。人への憎しみや嫉妬などの感情こそが、心の疲れの原因なのです。

また、心が「真・善・美」から遠ざかると、私たちはエネルギー源から切り離された状態になり、心はぐったり疲れます。

私たちの心の奥底には「神我《しんが》」と呼ばれる本質があります。「神」とは、すなわち「真・善・美」のことなのです。

私たちが、小説や絵画、美しい自然に触れたときに感動するのは、そこに人生の真実や、善なるもの、美しいものが宿っているから。それに触れることで、心の中の「神我」が目覚めるから、「喜び」があふれてくるのです。

疲れたな、と思ったときは、あなたの心の中の「神」を思い出してください。もともとそこにいる「神」へ戻ってください。そのとき、心にエネルギーが満ちあふれ、疲れも少《すこ》しずつ癒されるでしょう。

あなたにとっての健やかな心と体。それを取り戻すことができれば、さまざまな感動を、よりあざやかに味わえるようになるでしょう。

心と体のメンテナンスに十分気をつけて、豊かな旅を続けてください。

いつまでも美しくありたいあなたへの手紙

アンチエイジングには時に疑問を感じます。人は本来、年を重ねるごとに美しくなっていくものだからです

今、アンチエイジングに夢中になる人が増えています。特に女性の場合、いつまでも美しくいたいという願いはそれだけ強いのでしょうね。

けれど、人にとって何より大切なもの、それは「心」です。

今、こういう言い方は古くさいと思われたり、きれいごとだと思われたりします。

けれど、私はあえて言いたいのです。それが真実だからです。

心の美しい人こそが、一番の美人です。

もちろん、「もう年だから」とあきらめればいいと思っているわけではあり

ではありません。もし何かコンプレックスがあって、それを解消できれば今よりもっと前向きに生きられると思うのであれば、いろいろと努力をするのは悪いことではありません。

けれど、一度立ち止まって考えてみてください。

なぜそんなに「年を重ねる」ことを恐れなくてはいけないのでしょうか。

昔は、年齢より若く見られることは、内面も未熟である証拠と思われて、「恥ずかしいこと」と思われていました。ある程度の年齢になったら、自分の顔に責任を持てなどといわれたりもしますね。

人の顔には、内面が表われるものです。

明るく表情豊かに生きていれば、自然に頬はリフティングされます。高価な化粧品を使わなくても、ほがらかに生きている人の顔は、はつらつとしているのです。

もちろん、年齢を重ねると、若い頃とは肌が変わってきます。けれど、それが自然なのです。

その年齢なりの美しさがあれば、それで十分です。

日本には四季があります。若葉の季節があり、盛夏を過ぎて、やがて紅葉となり、枯れていく。その移ろいを愛《め》でる心があるのです。

人も同じです。いつまでも若葉ではいられません。いずれは紅葉のときを迎え、やがては枯れていく。それが自然です。そのどれもが美しいのです。

日本の茶道には「侘《わ》び」「寂《さ》び」というすばらしい美学がありますね。物事は、枯れゆくからこそ美しい。いつまでも若葉でいるのは人工的なビニールと同じ。不自然で違和感しかありません。

また、草月流の華道では、「花は、活《い》けると、人になる」という言葉があります。私は、この言葉を次のようにとらえています。

花は切った瞬間に命を絶たれるように見えますが、それは人間がへその緒を切ったのと同じ、そこからが、華（人）としての「命」の始まりだ、と。

華には、活ける人の心が映し出されます。人それぞれ、活け方には個性が出ます。色遣いにも出るし、「真《しん》、副《そえ》、控《ひかえ》」という構成にも出ます。活けながら、自分の人生における真とは何か、副とは何か、控とは何か、と内観することもできるでしょう。ですから華はもう、活ける人そのものになります。

形式にとらわれすぎることなく活けられた華は、その個性を生かして咲き誇ります。「今」「ここ」にある命を肯定するからこそ、美しい。その姿もまた人と同じです。

茶道、華道、柔道など、「道」とつくものはすべて、こういった人生哲学を含んでいます。日本には、人の生き方を学ぶ「道」がたくさんあるのです。

芸能人の美しさに憧れて、「あの人のようになりたい」と思う気持ちはわかります。

けれど、仕事だから美しくしていないといけない人と、普通に暮らしている人とを同列には考えられません。その自覚は持っていないと、アンチエイジングや美容整形に際限なくお金をつぎ込むことになりかねません。

「子どもにとって、きれいなママでいたいから」という人もいますが、子どもは、鏡ばかり見ているお母さんをどう思うでしょうか。鏡じゃなくて、ぼくを見て、私を見て。そう思っているかもしれませんよ。

今はテレビの中にも、「かっぽう着の似合うお母さん」の姿を見ることは、ほとんどありません。多少、顔にシワやシミがあっても、抱きついて甘えたくなるような、昔ながらのやさしいお母さんの姿を、子どもは求めているのではないかと思うのです。

あなたには、若いときにはなかった内面の輝きがあり、培《つちか》ってきた経験の豊かさがあります。それこそが美しいのです。

自信を持って、年を重ねていきましょう。

心の病気に苦しむあなたへの手紙

人生には休み時間もあります。焦ることはありません

おかげんはいかがですか?

最近は、心の不調を感じる人がますます増えているようです。決してあなた一人だけのことではありません。でも、あなたのことだから、「一日も早く復帰したい」と思っているかもしれませんね。

スピリチュアルな視点で見れば、今のあなたの状態は、たましいがフリーズしているのかもしれません。

そんなときは、休むのが一番です。人生のいっとき、休んでもいいではありませんか。学校にたとえていえば、人生の〝自主退学〟はいけません。けれど

も、〝休学〟はしてもいいのです。

たとえば入院することになったとしても、それは「今は休みなさい」というメッセージ。心と体を休めて、また〝復学〟すればいいのです。気持ちが元気になれば、少々の遅れは取り戻せるはずです。

私はよく「ぼやぼやしてると、すぐに死んでしまいますよ」などと周囲の人にはっぱをかけますが、それは決して「休んではいけない」ということではないのです。

もちろん、だらだらと怠惰に過ごすことは戒《いまし》めなくてはいけません。働くなら働く、休むなら休む。メリハリをつけることが大切だと思うのです。あなたの場合、今は病気を治すことに専念する。真剣に体と心を休める。そう決めましょう。

そして、何がたましいをフリーズさせるほどショックだったのか、と原因をよく見つめてください。

私たちは、あまりにもつらいことがあると、話すらしたくなくなるものです。反論できるうちは、まだ元気なのです。悲しみが大きすぎると、言葉さえ失ってしまいます。

あるいは、何も食べたくなくなる人もいるでしょう。食べることというのは、人生を生き抜くパワーの源。何よりの楽しみでもありますね。それができなくなるというのは、生きがいを失っている状態ともみてとれます。

もちろん、すべてのケースがそうだというわけではありませんが、同様に、何も聞きたくないと思うと、器官的な問題が何もないのに、耳が聞こえづらくなったり、何も見たくないと思うと、目が見えづらくなることもあるでしょう。

外界をシャットアウトしたい、というたましいの叫びを、乗り物である肉体が表現しているのです。

心をふさぐ、という言葉がありますが、今のあなたがそうなってしまった原因は何でしょうか?

あなたの体が、そう問いかけているのです。

その原因を取りのぞきましょう。簡単なことではないかもしれません。専門家の力、周囲の人の力を借りてもいいのです。焦らず、自分自身と向きあってください。

心の不調は「あなた自身の心にもっと目を向けなさい」「あなたの心をもっと大切にしなさい」というメッセージです。

そのための休息の時間、人生の「タイム」が、今、与えられたのです。

病を受け入れて、
はじめて気づく幸せがある。

今はまだつらくても……

健康であるということは、もちろん大きな喜びです。だからといって、病気になると不幸かというと、そうではありません。

『スピリチュアル セルフ・ヒーリング』にも書きましたが、スピリチュアルな視点で見れば、病気さえも大きな学びとなるのです。

元気いっぱいだった頃にはわからなかったことに気づき、たましいを成長させることができます。健康と病気は、光と闇のようなもの。光のありがたみは闇を経験してはじめてわかります。闇もまた必要な存在なのです。

元気なときは気づかなくても、少し体調が悪くなると病気の人の気持ちがわかるようになります。

人は自分が実際に経験したことでなければ、本当のところはわかりません。

人のたましいは、すべての人生のレパートリーを経験することで、さまざまな気持ちを理解できるようになり、より豊かに成長していく。そういうカリキュラムになっているのです。

病気になってわかるのは、同じく病気と向きあっている人の気持ちだけではありません。

人のやさしさも心にしみるでしょう。人にお世話をしてもらう、ということへの感謝の念も自然に湧いてくるはずです。それを考えれば、病というのは、貴重な体験であることが、よくわかると思います。

病んでいる体を本当に癒すもの

病気が自分に何を教えようとしているのか。それを深く考え、学びとって、成長しようとするのは、すばらしいことです。

人の「心の力」を決してあなどらないでください。

「病は気から」ということわざがありますが、たとえば、心が弱っているときに風邪をひきやすい、と感じる人もいるのではないでしょうか。

「治らない」と思っている人よりも、「絶対に治る」と思っている人のほうが、治りやすいということもあるようです。ある意味では、病気になるということは、そういう心の力に気づくいいチャンスでもあるといえるでしょう。

体が健康でも、心に力がないと、本当の喜びは得られません。また、たとえ病気になっても、心の力次第では、多くの学びを得て、豊かに生きることができるのです。

心の力は外見にも表われます。内面が輝きはじめると、外見も輝くようになるのです。顔が同じ造作の人でも、心の持ちようによって、まったく表情が変わってきます。いきいきと生きている人は、口角が上がり、肌の血色もよくなって、美しくなります。言いかえれば、オーラが内面からあふれ出すということ。

肉体があるゆえの喜び、肉体があるゆえの苦しみ、両方あります。けれど、肉体という物質に振りまわされるのではなく、「心の力」がもたらす「内面の輝き」「内面の成長」に目を向けてください。

どんなとき、どんな事柄からも、多くを学び、多くに気づいて、豊かに伸びていくことが大切なのです。

愛する人のたましいと
寄り添って生きる。

愛する人が余命宣告を受けたあなたへの手紙

余命がたとえ一日だとしても、それはすばらしい「未来」です

この世にある多くの悲哀の中で、もっとも深い悲しみをもたらすもの、それは愛する人の死ではないでしょうか。

私も四歳のときに父を、十五歳のときに母を亡くしました。

今、ご家族が余命を宣告されたというあなたの気持ち、自分のこととしてわかります。悲しいという言葉だけでは表わせない。心が痛い。そんな思いで苦しんでおられることでしょう。

けれど、今だからこそ、あなたに知っていただきたいことがあるのです。

人はみんな一人でこの世を旅する旅人です。

どんなに愛していても、死という別れを避けられる人は一人もいません。そして、仮に死を宣告されていなくても、私たちは皆、生まれたときから〝死〟に向かっているようなものなのです。

ただ、悲しみの渦中にあるときは、そうしたことを思い起こす時間もないでしょう。

「こんな悲しみ、味わいたくない」「なぜ私だけがこんな思いをするの」と思うかもしれません。けれど、こんな悲しみを経験するくらいなら、生まれてこないほうがよかったでしょうか。出会わないほうがよかったでしょうか。そんなことはないはずです。

生まれて、出会って、愛しあえた。それはすばらしい奇跡です。

そう思えば、この奇跡にただ「ありがとう」と感謝する気持ちが湧くのではないでしょうか。

愛する人との別れを通して、私たちのたましいは、この世に生きることとの悲しさと、この世で出会い、愛することができた喜びを、深く深く心に刻むことができるのです。

この学びをする前とあととでは、たましいの豊かさがまったく違います。

愛する人との別れを通して、私たちのたましいは飛躍的に成長するのです。

そして、今こそスピリチュアルな事実を思い起こしてください。

私たちは、たましいの存在です。

死は、肉体を脱ぎ捨てて、たましいがふるさとへ戻るということ。たましいそのものは永遠です。私たちが現世での旅を終えたとき、スピリチュアル・ワールド（たましいのふるさと）へ戻れば、また会えるのです。

死を免《まぬか》れる人はいません。けれど、永遠の別れもまた、ないのです。

この事実を知っていれば、死と向かいあうときの心のあり方が、まったく違ってくるはずです。

余命を宣告された今は、ショックが大きいでしょう。

けれど、宣告されたということは、逆にいえば「それまでは生きられる」ということ。残りの持ち時間がはっきりした、ということです。

その残された時間で何をするか。今はまず、それを考えましょう。

これは人生のメインイベントでもあるのです。旅行と同じです。最終日に何をするかは、その旅行のメインイベントになるでしょう。

悲しい気持ちはわかります。けれど、泣いている場合ではありません。

今、自分が悲しむことに大切な時間を使っては、懸命に病と向きあっている人に申し訳ないと思いませんか?

余命を宣告された人の立場に立って、最後に何をするか、考えてみましょう。

告知すべきかどうかは、そのときの状況や、その人の性格によって違うと思います。

耐えられるタイプか、パニックになるタイプか。また、寝たきりでもう動けない状態か、ある程度、体の自由が利いて、好きなことができる状態か、それによっても違うでしょう。動ける間なら、残り時間を知ることは、大きな意義があると私は思います。ケースバイケースで、判断してください。

共通していえるのは、告知するなら「最後まで寄り添う覚悟」が必要ということです。

医師から宣告されたということが重すぎて、一人で抱えきれずに当人に話してしまい、自分はホッとする。そういう事態になることが時々あります。

相手にボールを投げてそれっきりでは、受け止める側も受け止めきれません。一番つらいのは、ご本人なのですから。

けれど、不思議なものでスピリチュアル・ワールド（たましいのふるさと）への帰郷が近づいている場合は特に、霊的な感性も鋭くなることが多いのです。あなたが思っていること、悩んでいることなどを感じとっていたり、場合によっては、自分自身の病状や余命にそれとなく気づいていることもあります。そして、そのうえで、家族や愛する人に気を遣わせまいと、精一杯元気なそぶりを見せたり、弱音を吐かないように頑張ったりするのです。

それは、なんともせつなく、温かい愛ではありませんか？

ですから、あなたも、残り時間を伝えるのであれば、どうか、心から寄り添ってください。

「その時間、私がずっとついてサポートしますよ」というメッセージとともに伝えなくてはいけません。

これは医師が患者に告知をする場合でも同じことだと思います。

余命の宣告をするということは、「最後まであなたと寄り添っていますよ」

という覚悟を伝えるということです。軽々しく伝えていいことではありません。
余命宣告という現世的には「不幸」としか思えない事柄の中にも「幸い」はあります。
旅の終着地点まで、寄り添って生きましょう。
大切なその人のために、今、あなたにできることは何ですか？

生きるとは、
それだけですばらしい奇跡です。

本書は、本文庫のために書き下ろされたものです。

江原啓之《えはらひろゆき》から、あなたに贈《おく》る手紙《てがみ》

著者　江原啓之（えはら・ひろゆき）
発行者　押鐘太陽
発行所　株式会社三笠書房
〒102-0072 東京都千代田区飯田橋3-3-1
電話　03-5226-5734（営業部）03-5226-5731（編集部）
http://www.mikasashobo.co.jp
印刷　誠宏印刷
製本　宮田製本

 ISBN978-4-8379-6474-2 C0130

落丁・乱丁本は当社営業部宛にお送りください。お取替えいたします。
定価・発行日はカバーに表示してあります。

王様文庫